UGO FOSCOLO

Ultime lettere di Jacopo Ortis

(1802)

6ª Ristampa
CRESCERE Edizioni
www.edizionicrescere.it
www.crescerelibreria.it

UGO FOSCOLO

ULTIME LETTERE DI JACOPO ORTIS

Versione integrale a cura di
Annarita Celentano

PARTE PRIMA

Al lettore

Pubblicando queste lettere, io tento di erigere un monumento alla virtù sconosciuta; e di consacrare alla memoria del solo amico mio quelle lagrime,[1] che ora mi si vieta di spargere su la[2] sua sepoltura. E tu, o Lettore, se uno non sei di coloro che esigono dagli altri quell'eroismo di cui non sono eglino[3] stessi capaci, darai, spero, la tua compassione al giovine infelice dal quale potrai forse trarre esempio e conforto.

Lorenzo Alderani[4]

1. Forma arcaica di lacrima, che vuole l'uso dell'occlusiva velare sonora.
2. Forma arcaica precedente la forma univerbata: sulla.
3. Forma desueta.
4. Amico del protagonista, nonché destinatario delle sue lettere. Sarà Lorenzo, dopo la sua morte, a raccoglierle e a renderle pubbliche.

Libertà va cercando, ch'è sì cara,
come sa chi per lei vita rifiuta.

Da' colli Euganei, 11 ottobre 1797

Il sacrificio della patria nostra è consumato[5]: tutto è perduto; e la vita, seppure ne verrà concessa, non ci resterà che per piangere le nostre sciagure, e la nostra infamia. Il mio nome è nella lista di proscrizione, lo so: ma vuoi tu ch'io per salvarmi da chi m'opprime[6] mi commetta a chi mi ha tradito[7]? Consola mia madre: vinto dalle sue lagrime[8] le ho obbedito, e ho lasciato Venezia per evitare le prime persecuzioni, e le più feroci. Or dovrò io abbandonare anche questa mia solitudine antica, dove, senza perdere dagli occhi il mio sciagurato paese, posso ancora sperare qualche giorno di pace? Tu mi fai raccapricciare, Lorenzo; quanti sono dunque gli sventurati? E noi, purtroppo, noi stessi italiani ci laviamo le mani nel sangue degl'italiani. Per me se-

5. L'intellettuale giacobino veneto esprime la sua delusione per il trattato di Campoformio, a seguito della fine delle repubbliche democratiche (della repubblica di Venezia in primis: Napoleone cedeva, infatti, all'Arciducato d'Austria, Venezia, l'Istria e la Dalmazia).
6. Gli Austriaci.
7. Napoleone e i francesi.
8. Vedi nota 1.

gua che può. Poiché ho disperato e della mia patria e di me, aspetto tranquillamente la prigione e la morte. Il mio cadavere almeno non cadrà fra le braccia straniere; il mio nome sarà sommessamente compianto da' pochi uomini, compagni delle nostre miserie; e le mie ossa poseranno su la terra de' miei padri.

13 ottobre

Ti scongiuro, Lorenzo; non ribattere più. Ho deliberato di non allontanarmi da questi colli. È vero ch'io aveva promesso a mia madre di rifuggirmi in qualche altro paese; ma non mi è bastato il cuore: e mi perdonerà, spero. Merita poi questa vita di essere conservata con la viltà, e con l'esilio? Oh quanti de' nostri concittadini gemeranno pentiti, lontani dalle loro case! Perché, e che potremmo aspettarci noi se non indigenza e disprezzo; o al più, breve e sterile compassione, solo conforto che le nazioni incivilite offrono al profugo straniero? Ma dove cercherò asilo? In Italia? Terra prostituita premio sempre della vittoria. Potrò io vedermi dinanzi agli occhi coloro che ci hanno spogliati, derisi, venduti, e non piangere d'ira? Devastatori de' popoli, si servono della libertà come i Papi si servivano delle crociate. Ahi! Sovente disperando di vendicarmi mi caccerei un coltello nel cuore per versare tutto il mio sangue fra le ultime strida della mia patria.

E questi altri? Hanno comperato la nostra schiavitù, racquistando con l'oro quello che stolidamente e vilmente hanno perduto con le armi. Davvero ch'io somiglio un di que' malavventurati che spacciati morti furono sepolti vivi, e che poi rinvenuti, si sono trovati nel sepolcro fra le tenebre e gli scheletri, certi di vivere, ma disperati del dolce lume della vita, e costretti a morire fra le bestemmie e la fame. E perché farci vedere e sentire la libertà, e poi ritorcerla per sempre? E infamemente!

16 ottobre

Or via, non se ne parli più: la burrasca pare abbonacciata; se tornerà il pericolo, rassicurati, tenterò ogni via di scamparne. Del resto io vivo tranquillo; per quanto si può tranquillo. Non vedo persona del mondo: vo sempre vagando per la campagna; ma a dirti il vero penso, e mi rodo. Mandami qualche libro.

Che fa Lauretta? povera fanciulla! Io l'ho lasciata fuori di sé. Bella e giovine ancora, ha pur inferma la ragione; e il cuore infelice infelicissimo. Io non l'ho amata; ma fosse compassione o riconoscenza per avere ella scelto me solo consolatore del suo stato, versandomi nel petto tutta la sua anima e i suoi errori e i suoi martirj – davvero ch'io l'avrei fatta volentieri compagna di tutta la mia vita. La sorte non ha voluto; meglio così, forse. Ella amava Eugenio, e l'è morto fra le braccia. Suo padre e i suoi fratelli hanno dovuto fuggire la loro patria, e quella povera famiglia destituita di ogni umano soccorso è restata a vivere, chi sa come! Di pianto. Eccoti, o Libertà, un'altra vittima. Sai ch'io ti scrivo, o Lorenzo, piangendo come un ragazzo? – Pur troppo[9]! Ho avuto sempre a che fare con de' tristi[10];[10] e se alle volte ho incontrato una persona dabbene ho dovuto sempre compiangerla. Addio, addio.

18 ottobre

Michele mi ha recato il Plutarco, e te ne ringrazio. Mi disse che con altra occasione m'invierai qualche altro libro; per ora basta. Col divino Plutarco[11] potrò consolarmi de' delitti e delle sciagure dell'umanità volgendo gli occhi ai pochi illustri che quasi primati dell'umano genere sovrastano a tanti secoli e a

9. Forma arcaica.
10. Delle cattive persone.
11. Pensatore della Grecia Antica.

tante genti. Temo per altro che spogliandoli della magnificenza storica e della riverenza per l'antichità, non avrò assai da lodarmi né degli antichi, né de' moderni, né di me stesso – umana razza!

23 ottobre

Se m'è dato lo sperare mai pace, l'ho trovata, o Lorenzo. Il parroco, il medico, e tutti gli oscuri mortali di questo cantuccio della terra mi conoscono sin da fanciullo e mi amano. Quantunque io viva fuggiasco, mi vengono tutti d'intorno quasi volessero mansuefare una fiera generosa e selvatica. Per ora io lascio correre. Veramente non ho avuto tanto bene dagli uomini da fidarmene così alle prime: ma quel menare la vita del tiranno che freme e trema d'essere scannato a ogni minuto mi pare un agonizzare in una morte lenta, obbrobriosa. Io seggo con essi a mezzodì sotto il platano della chiesa leggendo loro le vite di Licurgo[12] e di Timoleonte[13]. Domenica mi s'erano affollati intorno tutti i contadini, che, quantunque non comprendessero affatto, stavano ascoltandomi a bocca aperta. Credo che il desiderio di sapere e ridire la storia de' tempi andati sia figlio del nostro amor proprio che vorrebbe illudersi e prolungare la vita unendoci agli uomini ed alle cose che non sono più, e facendole, sto per dire, di nostra proprietà. Ama la immaginazione di spaziare fra i secoli e di possedere un altro universo. Con che passione un vecchio lavoratore mi narrava stamattina la vita de' parrochi[14] della villa viventi nella sua fanciullezza, e mi descriveva i danni della tempesta di trentasett'anni addietro, e i tempi dell'abbondanza, e quei della fame, rompendo il filo ogni tanto, ri-

12. Legislatore spartano.
13. Politico e militare della Sicilia greca; di lui parla anche lo stesso Plutarco, nelle *Vite Parallele*.
14. Forma desueta.

pigliandolo, e scusandosi dell'infedeltà! Così mi riesce di dimenticarmi ch'io vivo.

È venuto a visitarmi il signore T*** che tu conoscesti a Padova. Mi disse che spesso gli parlavi di me, e che jer l'altro glien'hai scritto. Anche egli s'è ridotto in campagna per evitare i primi furori del volgo, quantunque a dir vero non siasi molto inserito ne' pubblici affari. Io n'aveva inteso parlare come d'uomo di colto ingegno e di somma onestà: doti temute in passato, ma adesso non possedute impunemente. Ha tratto cortese, fisonomia liberale, e parla col cuore. V'era con lui un tale; credo, lo sposo promesso di sua figlia. Sarà forse un bravo e buono giovine; ma la sua faccia non dice nulla. Buona notte.

24 ottobre

L'ho pur una volta afferrato nel collo quel ribaldo contadinello che dava il guasto al nostro orto, tagliando e rompendo tutto quello che non poteva rubare. Egli era sopra un pesco, io sotto una pergola: scavezzava allegramente i rami ancora verdi perché di frutta non ve ne erano più: appena l'ebbi fra le ugne,[15] cominciò a gridare: Misericordia! Mi confessò che da più settimane facea quello sciagurato mestiere perché il fratello dell'ortolano aveva qualche mese addietro rubato un sacco di fave a suo padre.

«E tuo padre t'insegna a rubare?»

«In fede mia, signor mio, fanno tutti così».

L'ho lasciato andare, e scavalcando una siepe io gridava[16]: «Ecco la società in miniatura; tutti così».

15. Forma arcaica di *unghie*.
16. Forma desueta della prima persona singolare.

26 ottobre

La ho veduta, o Lorenzo, *la divina fanciulla*; e te ne ringrazio. La trovai seduta miniando il proprio ritratto. Si rizzò salutandomi come s'ella mi conoscesse, e ordinò a un servitore che andasse a cercar di suo padre.

«Egli non si sperava», mi diss'ella, «che voi sareste venuto; sarà per la campagna; né starà molto a tornare».

Una ragazzina le corse fra le ginocchia dicendole non so che all'orecchio.

«È un amico di Lorenzo», le rispose Teresa, «è quello che il babbo andò a trovare l'altr'jeri».

Tornò frattanto il signor T***: m'accoglieva famigliarmente, ringraziandomi che io mi fossi sovvenuto di lui. Teresa intanto, prendendo per mano la sua sorellina, partiva.

«Vedete», mi diss'egli, additandomi le sue figliuole che uscivano dalla stanza; «eccoci tutti.»

Proferì, parmi, queste parole come se volesse farmi sentire che gli mancava sua moglie. Non la nominò. Si ciarlò lunga pezza. Mentr'io stava per congedarmi, tornò Teresa: «Non siamo tanto lontani», mi disse; «venite qualche sera a veglia con noi».

Io tornava a casa col cuore in festa. Che? Lo spettacolo della bellezza basta forse ad addormentare in noi tristi mortali tutti i dolori? Vedi per me una sorgente di vita: unica certo, e chi sa! Fatale. Ma se io sono predestinato ad avere l'anima perpetuamente in tempesta, non è tutt'uno?

28 ottobre

Taci, taci: Vi sono de' giorni ch'io non posso fidarmi di me: un demone mi arde, mi agita, mi divora. Forse io mi reputo molto; ma è che mi pare impossibile che la nostra patria sia così conculcata[17] mentre ci resta ancora una vita. Che facciam noi tutti i giorni vivendo e querelandoci? Insomma non parlarmene più, ti scongiuro. Narrandomi le nostre tante miserie mi rinfacci tu forse perché io mi sto qui neghittoso? E non t'avvedi che tu mi strazi fra mille martirj[18]? Oh! Se il tiranno fosse uno solo, e i servi fossero meno stupidi, la mia mano basterebbe. Ma chi mi biasima or di viltà, m'accuserebbe allor di delitto; e il savio stesso compiangerebbe in me, anziché il consiglio del forte, il furore del forsennato. Che vuoi tu imprendere fra due potenti nazioni che nemiche giurate, feroci, eterne, si collegano soltanto per incepparci? E dove la loro forza non vale, gli uni c'ingannano con l'entusiasmo di libertà, gli altri col fanatismo di religione: e noi tutti guasti dall'antico servaggio e dalla nuova licenza, gemiamo vili schiavi, traditi, affamati, e non provocati mai né dal tradimento, né dalla fame.

«Ahi, se potessi, seppellirei la mia casa, i miei più cari e me stesso per non lasciar nulla nulla che potesse inorgoglire costoro della loro onnipotenza e della mia servitù! E vi furono de' popoli che per non obbedire a' Romani ladroni del mondo, diedero all'incendio le loro case, le loro mogli, i loro figli e sé medesimi, sotterrando fra le gloriose ruine[19] e le ceneri della loro patria la lor sacra indipendenza.

1 novembre

Io sto bene, bene per ora come un infermo che dorme e non sente i dolori; e mi passano gl'interi giorni in casa del signore T*** che mi ama come figliuolo: mi lascio illudere, e l'apparente felicità di quella famiglia mi sembra reale, e mi sembra anche mia. Se nondimeno non vi fosse quello sposo, perché davvero – io non odio persona del mondo, ma vi sono cert'uomini ch'io ho bisogno di vedere soltanto da lontano. Suo suocero me

17. Oltraggiata.
18. Forma ormai desueta.
19. *Rovine*. Forma arcaica.

n'andava tessendo jer[20] sera un lungo elogio in forma di commendatizia: *buono, esatto, paziente!* E niente altro? Possedesse queste doti con angelica perfezione, s'egli avrà il cuore sempre così morto, e quella faccia magistrale non animata mai né dal sorriso dell'allegria, né dal dolce silenzio della pietà, sarà per me un di que' rosaj[21] senza fiori che mi fanno temere le spine. Cos'è l'uomo se tu lo abbandoni alla sola ragione fredda, calcolatrice? Scellerato, e scellerato bassamente. Del resto, Odoardo sa di musica; giuoca bene a scacchi; mangia, legge, dorme, passeggia, e tutto con l'oriuolo alla mano; e non parla con enfasi se non per magnificare tuttavia la sua ricca e scelta biblioteca. Ma quando egli mi va ripetendo con quella sua voce cattedratica, *ricca e scelta*, io sto lì lì per dargli una solenne smentita. Se le umane frenesie che col nome di *scienze* e di *dottrine* si sono iscritte e stampate in tutti i secoli, e da tutte le genti, si riducessero a un migliajo di volumi al più, e mi pare che la presunzione de' mortali non avrebbe da lagnarsi - e via sempre con queste dissertazioni.

Frattanto ho preso a educare la sorellina di Teresa: le insegno a leggere e a scrivere. Quand'io sto con lei, la mia fisonomia si va rasserenando, il mio cuore è più gajo che mai, ed io fo mille ragazzate. Non so perché, tutti i fanciulli mi vogliono bene. E quella ragazzetta è pur cara! bionda e ricciuta, occhi azzurri, guance pari alle rose, fresca, candida, paffutella, pare una Grazia di quattr'anni. Se tu la vedessi corrermi incontro, aggrapparmisi alle ginocchia, fuggirmi perch'io la siegua, negarmi un bacio e poi improvvisamente attaccarmi que' suoi labbruzzi alla bocca! Oggi io mi stava su la cima di un albero a cogliere le frutta: quella creaturina tendeva le braccia, e balbettando pregavami che *per carità non cascassi*. Che bell'autunno! Addio Plutarco! sta sempre chiuso sotto il mio braccio. Sono tre giorni ch'io perdo la mattina a colmare un canestro d'uva e di pesche,

20. Forma desueta.
21. *Roseti*. Forma arcaica.

ch'io copro di foglie, avviandomi poi lungo il fiumicello, e giunto alla villa, desto una famiglia cantando la canzonetta della vendemmia.

12 novembre

Jeri giorno di festa abbiamo con solennità trapiantato i pini delle vicine collinette sul monte rimpetto la chiesa. Mio padre pure tentava di fecondare quello sterile monticello; ma i cipressi ch'esso vi pose non hanno mai potuto allignare[22], e i pini sono ancor giovinetti. Assistito io da parecchi lavoratori ho coronato la vetta, onde casca l'acqua, di cinque pioppi, ombreggiando la costa orientale di un folto boschetto che sarà il primo salutato dal Sole quando splendidamente comparirà dalle Cime de' monti. E jeri appunto il Sole più sereno del solito riscaldava l'aria irrigidita dalla nebbia del morente autunno. Le villanelle vennero sul mezzodì co' loro grembiuli di festa intrecciando i giuochi e le danze di canzonette e di brindisi. Tale di esse era la sposa novella, tale la figliuola, e tal altra la innamorata di alcuno de' lavoratori; e tu sai che i nostri contadini sogliono, allorché si trapianta, convertire la fatica in piacere, credendo per antica tradizione de' loro avi e bisavi che senza il giolito de' bicchieri gli alberi non possano mettere salda radice nella terra straniera. Frattanto io mi vagheggiava nel lontano avvenire un pari giorno di verno quando canuto mi trarrò passo passo sul mio bastoncello a confortarmi a' raggi del Sole, sì caro a' vecchi: salutando, mentre usciranno dalla chiesa, i curvi villani già miei compagni ne' dì che la gioventù rinvigoriva le nostre membra; e compiacendomi delle frutta che, benché tarde, avranno prodotti gli alberi piantati dal padre mio. Conterò allora con fioca voce le nostre umili storie a' miei e a' tuoi nepotini, o a quei di Tere-

22. Mettere radici.

sa che mi scherzeranno dattorno. E quando le ossa mie fredde dormiranno sotto quel boschetto alloramai ricco ed ombroso, forse nelle sere d'estate al patetico sussurrar delle fronde si uniranno i sospiri degli antichi padri della villa, i quali al suono della campana de' morti pregheranno pace allo spirito dell'uomo dabbene e raccomanderanno la sua memoria ai lor figli. E se talvolta lo stanco mietitore verrà a ristorarsi dall'arsura di giugno, esclamerà guardando la mia fossa: *«Egli egli innalzò queste fresche ombre ospitali!»*

O illusioni! E chi non ha patria, come può dire lascierò[23] qua o là le mie ceneri?

O fortunati! E ciascuno era certo
della sua sepoltura; ed ancor nullo
era, per Francia, talamo deserto.
(Dante, *Paradiso, XV*)

20 novembre

Più volte incominciai questa lettera: ma la faccenda andava assai per le lunghe; e la bella giornata, la promessa di trovarmi alla villa per tempo, e la solitudine – ridi? – l'altr'jeri, e jeri mi svegliava proponendo di scriverti; e senza accorgermi, mi trovava fuori di casa.

Piove, grandina, fulmina: penso di rassegnarmi alla necessità, e di giovarmi di questa giornata d'inferno, scrivendoti. – Sei o sette giorni addietro s'è iti[24] in pellegrinaggio. Io ho veduto la Natura più bella che mai. Teresa, suo padre, Odoardo, la piccola Isabellina, ed io siamo andati a visitare la casa del Petrarca in Arquà. Arquà è discosto, come tu sai, quattro miglia dalla mia casa; ma per più accorciare il cammino prendemmo la via del-

23. Forma arcaica.
24. *Andati*. Latinismo.

l'erta. S'apriva appena il più bel giorno d'autunno. Parea che Notte seguìta dalle tenebre e dalle stelle fuggisse dal Sole, che uscia nel suo immenso splendore dalle nubi d'oriente, quasi dominatore dell'universo; e l'universo sorridea. Le nuvole dorate e dipinte a mille colori salivano su la volta del cielo che tutto sereno mostrava quasi di schiudersi per diffondere sovra i mortali le cure della Divinità. Io salutava a ogni passo la famiglia de' fiori e dell'erbe che a poco a poco alzavano il capo chinato dalla brina. Gli alberi sussurrando soavemente, faceano tremolare contro la luce le gocce trasparenti della rugiada; mentre i venti dell'aurora rasciugavano il soverchio umore alle piante. Avresti udito una solenne armonia spandersi confusamente fra le selve, gli augelli, gli armenti, i fiumi, e le fatiche degli uomini: e intanto spirava l'aria profumata delle esalazioni che la terra esultante di piacere mandava dalle valli e da' monti al Sole, ministro maggiore della Natura. – Io compiango lo sciagurato che può destarsi muto, freddo e guardare tanti beneficj senza sentirsi gli occhi bagnati dalle lagrime della riconoscenza. Allora ho veduto Teresa nel più bell'apparato delle sue grazie. Il suo aspetto per lo più sparso di una dolce malinconia, si andava animando di una gioja schietta, viva, che le usciva dal cuore; la sua voce era soffocata; i suoi grandi occhi neri aperti prima nell'estasi, si inumidivano poscia a poco a poco: tutte le sue potenze parevano invase dalla sacra beltà della campagna. In tanta piena di affetti le anime si schiudono per versarli nell'altrui petto: ed ella si volgeva a Odoardo. Eterno Iddio! Parea ch'egli andasse tentone fra le tenebre della notte, o ne' deserti abbandonati dalla benedizione della Natura. Lo lasciò tutto a un tratto, e s'appoggiò al mio braccio, dicendomi – ma, Lorenzo! Per quanto mi studi di continuare, conviene pur ch'io mi taccia. Se potessi dipingerti la sua pronunzia, i suoi gesti, la melodia della sua voce, la sua celeste fisonomia, o ricopiar non foss'altro le sue parole senza cangiarne o traslocarne sillaba, certo che tu mi sapresti grado; diversamente, rincresco persino a me stesso. Che giova copiare imperfettamente un inimitabile quadro, la cui fama soltanto lascia più senso che la sua misera copia? E non ti pare ch'io somigli ai poeti traduttori d'Omero? Giacché tu vedi ch'io non mi affatico, che per annacquare il sentimento che m'infiamma e stemprarlo in un languido fraseggiamento.

Lorenzo, ne sono stanco; il rimanente del mio racconto, domani: il vento imperversa; tuttavolta vo' tentare il cammino; saluterò Teresa in tuo nome.

Per dio! E' m'è forza di proseguire la lettera: su l'uscio della casa ci è un pantano d'acqua che mi contrasta il passo: potrei varcarlo d'un salto; e poi? la pioggia non cessa: mezzogiorno è passato, e mancano poche ore alla notte che minaccia la fine del mondo. Per oggi, giorno perduto, o Teresa.

«Non sono felice!» mi disse Teresa; e con questa parola mi strappò il cuore. Io camminava al suo fianco in un profondo silenzio. Odoardo raggiunse il padre di Teresa; e ci precedevano chiacchierando. La Isabellina ci tenea dietro in braccio all'ortolano. *Non sono felice!* Io aveva concepito tutto il terribile significato di queste parole, e gemeva dentro l'anima, veggendomi innanzi la vittima che doveva sacrificarsi a' pregiudizi ed all'interesse. Teresa, avvedutasi della mia taciturnità, cambiò voce, e tentò di sorridere: «Qualche cara memoria», mi diss'ella, ma chinò subito gli occhi.

Io non m'attentai di rispondere.

Eravamo già presso ad Arquà, e scendendo per l'erboso pendio, andavano sfumando e perdendosi all'occhio i paeselli che dianzi si vedeano dispersi per le valli soggette. Ci siamo finalmente trovati a un viale cinto da un lato di pioppi che tremolando lasciavano cadere sul nostro capo le foglie più giallicce, e adombrato dall'altra parte d'altissime querce, che con la loro opacità silenziosa faceano contrapposto a quell'ameno verde de' pioppi. Tratto tratto le due file d'alberi opposti erano congiunte da varij rami di vite selvatica, i quali incurvandosi formavano altrettanti festoni mollemente agitati dal vento del mattino. Teresa allora soffermandosi e guardando d'intorno: «Oh quante volte, proruppe, mi sono adagiata su queste erbe e sotto l'ombra freschissima di queste querce! Io ci veniva sovente la state[25] passata con mia madre».

Tacque e si rivoltò addietro dicendo di volere aspettare la Isabellina che si era un po' dilungata da noi; ma io sospettai ch'ella m'avesse lasciato per nascondere le lagrime che le inondavano gli occhi, e che forse non poteva più rattenere[26].

«Ma, e perché», le diss'io, «perché mai non è qui vostra madre?»

«Da più settimane vive in Padova con sua sorella; vive divisa da noi e forse per sempre! Mio padre l'amava: ma da ch'ei s'è pur ostinato a volermi dare un marito ch'io non posso amare, la concordia è sparita dalla nostra famiglia. La povera madre mia dopo d'avere contraddetto invano a questo matrimonio, s'è allontanata per non aver parte alla mia necessaria infelicità. Io intanto sono abbandonata da tutti! Ho promesso a mio padre, e non voglio disubbidirlo – ma mi duole ancor più, che per mia cagione[27] la nostra famiglia sia così disunita – per me, pazienza!» E a questa parola, le lagrime le piovevano dagli occhi.

«Perdonate», soggiunse, «io aveva bisogno di sfogare questo mio cuore angosciato. Non posso né scrivere a mia madre né avere sue lettere mai. Mio padre fiero e assoluto nelle sue risoluzioni non vuole sentirsela nominare; egli mi va tuttavia replicando, che la è la sua e la mia peggiore nemica. Pur sento che non amo, non amerò mai questo sposo – col quale è già *decretato*».

Immagina, o Lorenzo, in quel momento il mio stato. Io non sapeva né confortarla, né risponderle, né consigliarla.

«Per carità», ripigliò, «non v'affliggete, ve ne scongiuro: io mi sono fidata di voi: il bisogno di trovare chi sia capace di

25. L'estate scorsa.
26. Trattenere.
27. Ragione, causa.

compiangermi – una simpatia – non ho che voi solo».

«O angelo! Sì sì! Potessi io piangere per sempre, e rasciugare così le tue lagrime! Questa mia misera vita è tua, tutta: io te la consacro; e la consacro alla tua felicità!»

Quanti guai, mio Lorenzo, in una sola famiglia! Vedi ostinazione nel signore T*** che d'altronde è un ottimo galantuomo. Ama svisceratamente sua figlia; spesso la loda e la guarda con compiacenza; e intanto le tiene la mannaja sul collo. Teresa qualche giorno dopo mi raccontò, com'ei dotato d'un'anima ardente visse sempre consumato da passioni infelici; sbilanciato nella sua domestica economia per troppa magnificenza; perseguitato da quegli uomini che nelle rivoluzioni piantano la propria fortuna su l'altrui rovina, e tremante pe' suoi figliuoli, crede di provvedere allo stato di casa sua imparentandosi a un *uomo di senno*, ricco, e in aspettativa di una eredità ragguardevole – forse, o Lorenzo, anche per certo fumo; ed io vorrei scommettere cento contr'uno ch'ei non lascierebbe[28] in isposa[29] la sua figliuola a chi mancasse mezzo quarto di nobiltà: *chi nasce patrizio muore patrizio*. Tanto più che egli considera l'opposizione di sua moglie come una lesione alla propria autorità, e questo sentimento tirannesco lo rende ancor più inflessibile. E nondimeno è di ottimo cuore; e quella sua aria sincera, e quell'accarezzare sempre la sua figliuola e alcuna volta compiangerla sommessamente, mostrano ch'ei vede gemendo la dolorosa rassegnazione di quella povera fanciulla, ma – e per questo quand'io veggo come gli uomini cercano per una certa fatalità le sciagure con la lanterna, e come vegliano, sudano, piangono per fabbricarsele dolorosissime, eterne; io mi sparpaglierei le cervella temendo che non mi si cacciasse per capo una simile tentazione.

Ti lascio, o Lorenzo; Michele mi chiama a desinare: tornerò a scriverti, s'altro non posso, a momenti.

28. Forma arcaica.
29. *"i"* prostetica.

Il mal tempo s'è diradato, e fa il più bel dopo pranzo del mondo. Il Sole squarcia finalmente le nubi, e consola la mesta Natura, diffondendo su la faccia di lei un suo raggio. Ti scrivo di rimpetto al balcone donde miro la eterna luce che si va a poco a poco perdendo nell'estremo orizzonte tutto raggiante di fuoco. L'aria torna tranquilla; e la campagna, benché allagata, e coronata soltanto d'alberi già sfrondati e cosparsa di piante atterrate pare più allegra che la non era prima della tempesta. Così, o Lorenzo, lo sfortunato si scuote dalle funeste sue cure al solo barlume della speranza, e inganna la sua trista[30] ventura, con que' piaceri a' quali era affatto insensibile in grembo alla cieca prosperità. Frattanto il dì m'abbandona: odo la campana della sera; eccomi dunque a dar fine una volta alla mia narrazione.

Noi proseguimmo il nostro breve pellegrinaggio fino a che ci apparve biancheggiar dalla lunga la casetta che un tempo accoglieva

Quel Grande alla cui fama è angusto il mondo,
[...]
per cui Laura ebbe in terra onor celesti.[31]

Io mi vi sono appressato come se andassi a prostrarmi su le sepolture de' miei padri, e come uno di que' sacerdoti che taciti e riverenti s'aggiravano per li boschi abitati dagl'Iddii. La sacra casa di quel sommo italiano sta crollando per la irreligione di chi possiede un tanto tesoro. Il viaggiatore verrà invano di lontana terra a cercare con meraviglia divota[32] la stanza armoniosa ancora dei canti celesti del Petrarca. Piangerà invece sopra un mucchio di ruine coperto di ortiche e di erbe selvatiche fra le quali la volpe solitaria avrà fatto il suo covile. Italia! Placa l'ombre de' tuoi grandi. – Oh! Io mi risovvengo col gemito nell'ani-

30. Forma arcaica.
31. V. Alfieri, *Rime*, LVII.
32. Forma arcaica.

ma, delle estreme parole di Torquato Tasso. Dopo d'essere vissuto quaranta sette anni in mezzo a' dileggi de' cortigiani, le noje de' saccenti, e l'orgoglio de' principi, or carcerato ed or vagabondo, e tuttavia melancolico, infermo, indigente; giacque finalmente nel letto della morte e scriveva esalando l'eterno sospiro: *Io non mi voglio dolere della malignità della fortuna, per non dire della ingratitudine degli uomini, la quale ha pur voluto aver la vittoria di condurmi alla sepoltura mendico*. O mio Lorenzo, mi suonano queste parole sempre nel cuore! E mi par di conoscere chi forse un giorno morrà ripetendole.

Frattanto io recitava sommessamente con l'anima tutta amore e armonia la canzone: *Chiare, fresche, dolci acque*; e l'altra: *Di pensier in pensier, di monte in monte*; e il sonetto: *Stiamo, Amore, a veder la gloria nostra*[33]; e quanti altri di que' sovrumani versi la mia memoria agitata seppe allora suggerire al mio cuore.

Teresa e suo padre se n'erano iti[34] con Odoardo il quale andava a rivedere i conti al fattore d'una tenuta ch'egli ha in que' dintorni. Ho poi saputo ch'e' sta sulle mosse per Roma, stante la morte di un suo cugino; né si sbrigherà così in fretta, perché essendosi gli altri parenti impadroniti de' beni del morto, l'affare si ridurrà a' tribunali.

Come tornarono, quella famigliuola d'agricoltori ci allestì da colazione, dopo di che ci siamo avviati verso casa. Addio, addio. Avrei a narrarti delle altre cose; ma, a dirti il vero, ti scrivo svogliatamente. Appunto: mi dimenticava di dirti che, ritornando, Odoardo accompagnò a passo a passo Teresa e le parlò lungamente quasi importunandola e con un'aria di volto autorevole. Da alcune poche parole che mi venne fatto d'intendere, sospetto ch'egli la torturasse per sapere a ogni patto di che abbiamo parlato. Onde tu vedi ch'io devo diradar le mie visite – almeno finch'ei si parta.

33. Sono tutte liriche del Petrarca.
34. Vedi nota 24.

Buona notte, Lorenzo. Serbati questa lettera: quando Odoardo si porterà seco[35] la felicità, ed io non vedrò più Teresa, né più scherzerà su queste ginocchia la sua ingenua sorellina, in que' giorni di noja ne' quali ci è caro perfino il dolore, rileggeremo queste memorie sdrajati su l'erba che guarda la solitudine d'Arquà, nell'ora che il dì va mancando. La rimembranza che Teresa fu nostra amica rasciugherà il nostro pianto. Facciamo tesoro di sentimenti cari e soavi i quali ci ridestino per tutti gli anni, che ancora tristi e perseguitati ci avanzano, la memoria che non siamo sempre vissuti nel dolore.

22 novembre

Tre giorni, e Odoardo, a dir molto, non sarà qui. Il padre di Teresa lo accompagnerà sino a' confini. S'era lasciato intendere che m'avrebbe pregato di far seco questa breve corsa; ma io ne l'ho ringraziato, perché voglio assolutamente partire: andrò a Padova. Non devo abusare dell'amicizia del signore T*** e della sua buona fede. «Tenete buona compagnia alle mie figliuole», mi diceva egli questa mattina. A vedere, egli mi reputa Socrate – me? – E con quell'angelica creatura nata per amare, e per essere amata? E così misera a un tempo! Ed io sono sempre in perfetta armonia con gl'infelici, perché – davvero – io trovo un non so che di cattivo nell'uomo prospero.

Non so com'ei non s'avvegga ch'io parlando della sua figlia mi confondo e balbetto; cangio viso e sto come un ladro davanti al giudice. In quel punto io m'immergo in certe meditazioni, e bestemmierei il cielo veggendo in quest'uomo tante doti eccellenti, guaste tutte da' suoi pregiudizi e da una cieca predestinazione che lo faranno piangere amaramente. – Così intanto io divoro i miei giorni, querelandomi e de' miei propri mali e degli altrui.

35. Con sé.

Eppure me ne dispiace: – Spesso rido di me, perché propriamente questo mio cuore non può sofferire[36] un momento, un solo momento di calma. Purché io sia sempre agitato, per lui non rileva se i venti gli spirano avversi o propizj. Ove gli manchi il piacere, ricorre tosto al dolore. Jeri è venuto Odoardo a restituirmi uno schioppetto da caccia ch'io gli aveva prestato, e a pigliare il buon viaggio da me; non ho potuto vederlo partire senza gettarmigli al collo tuttoché avessi dovuto veramente imitare la sua indifferenza. Non so mai di che nome voi altri saggi chiamate chi troppo presto ubbidisce al proprio cuore: perché di certo non è un eroe; ma è forse vile per questo? Coloro che trattano da deboli gli uomini appassionati somigliano a quel medico che chiamava pazzo un malato non per altro se non perch'era vinto dalla febbre. Così odo i ricchi tacciare di colpa la povertà, per la sola ragione che non è ricca. A me però sembra tutto apparenza; nulla di reale, nulla. Gli uomini non potendo per se stessi acquistare la propria e l'altrui stima, si studiano d'innalzarsi, paragonando que' difetti che per ventura non hanno, a quelli che ha il loro vicino. Ma chi non si ubbriaca perché naturalmente odia il vino, merita egli lode di sobrio?

O tu che disputi pacatamente su le passioni: se le tue fredde mani non trovassero freddo tutto quello che toccano; se quant'entra nel tuo cuore di ghiaccio non divenisse tosto gelato; credi tu che andresti così glorioso della tua severa filosofia? Or come puoi ragionare di cose che non conosci?

Per me, lascio che i saggi vantino una infeconda apatia. Ho letto già tempo, non so in che poeta, che la loro virtù è una massa di ghiaccio che attrae tutto in se stessa e irrigidisce chi le si accosta. *Né Dio sta sempre nella sua maestosa tranquillità; ma si ravvolge fra gli aquiloni e passeggia con le procelle.*

36. Forma arcaica di *soffrire, sopportare.*

27 novembre

Odoardo è partito, ed io me n'andrò quando tornerà il padre di Teresa. Buon giorno.

3 dicembre

Stamattina io me n'andava un po' per tempo alla villa, ed era già presso alla casa T***, quando mi ha fermato un lontano tintinnio d'arpa. O! io mi sento sorridere l'anima, e scorrere in tutto me quanta mai voluttà allora m'infondeva quel suono. Era Teresa – come poss'io immaginarti, o celeste fanciulla, e chiamarti dinanzi a me in tutta la tua bellezza, senza la disperazione nel cuore! Pur troppo! tu cominci a gustare i primi sorsi dell'amaro calice della vita, ed io con questi occhi ti vedrò infelice, né potrò sollevarti se non piangendo! io; io stesso ti dovrò per pietà consigliare a pacificarti con la tua sciagura.

Certo ch'io non potrei né asserire né negare a me stesso ch'io l'amo; ma se mai, se mai! – in verità non d'altro che di un amore incapace di un solo pensiero: Dio lo sa! –

Io mi fermava, lì lì, senza batter palpebra, con gli occhi, le orecchie, e i sensi tutti intenti per divinizzarmi in quel luogo dove l'altrui vista non mi avrebbe costretto ad arrossire de' miei rapimenti. Ora ponti nel mio cuore, quand'io udiva cantar da Teresa quelle strofette di Saffo tradotte alla meglio da me con le altre due odi, unici avanzi delle poesie di quella amorosa fanciulla, immortale quanto le Muse. Balzando d'un salto, ho trovato Teresa nel suo gabinetto su quella sedia stessa ove io la vidi il primo giorno, quand'ella dipingeva il proprio ritratto. Era neglettamente vestita di bianco; il tesoro delle sue chiome biondissime diffuse su le spalle e sul petto, i suoi divini occhi nuotanti nel piacere, il suo viso sparso di un soave languore, il suo braccio di rose, il suo piede, le sue dita arpeggianti mollemente, tutto tutto era armonia: ed io sentiva una nuova delizia nel contemplarla. Bensì Teresa parea confusa, veggendosi d'improvviso un uomo che la mirava così discinta, ed io stesso cominciava dentro di me a rimproverarmi d'importunità e di villania: essa tuttavia proseguiva ed io sbandiva tutt'altro desiderio, tranne quello di adorarla, e di udirla. Io non so dirti, mio caro, in quale stato allora io mi fossi: so bene ch'io non sentiva più il peso di questa vita mortale.

S'alzò sorridendo e mi lasciò solo. Allora io rinveniva a poco a poco: mi sono appoggiato col capo su quell'arpa e il mio viso si andava bagnando di lagrime – Oh! Mi sono sentito un po' libero.

Padova, 7 dicembre

Non lo vo' dire; pur temo assai non tu m'abbia pigliato in parola e ti sia maneggiato a tutto potere per cacciarmi dal mio dolce romitorio. Jeri mi sopravvenne Michele a darmi avviso da parte di mia madre ch'era già allestito l'alloggio in Padova dov'io aveva detto altra volta (davvero appena me ne sovviene) di volermi ridurre al riaprirsi della università. Vero è ch'io avea fatto sacramento di venirci; e te n'ho scritto; ma aspettava il signore T*** – non per anche tornato. Del resto, ho fatto bene a cogliere il punto della mia vocazione, e ho abbandonato i miei colli senza dire addio ad anima vivente. Diversamente, malgrado le tue prediche e i miei proponimenti, non mi sarei partito mai più: e ti confesso ch'io mi sento un certo che d'amaro nel cuore, e che spesso mi salta la tentazione di ritornarvi – or via in somma, vedimi in Padova: e presto a diventar sapientone, acciocché tu non vada tuttavia predicando *ch'io mi perdo in pazzie*. Per altro bado di non volermiti opporre quando mi verrà voglia d'andarmene; perché tu sai ch'io sono nato espressamente inetto a certe cose, massime quando si tratta di vivere con quel metodo di vita ch'esigono gli studj, a spese della mia pace e del mio libero genio, o di' pure, ch'io tel perdono, del mio capriccio. Frattanto ringrazia mia madre, e per minorarle il dispiacere, fa di pronosticarle, così come se la cosa venisse da te, ch'io qui non troverò lunga stanza per più d'un mese, o poco più.

Padova, 11 dicembre

Ho conosciuto la moglie del patrizio M*** che abbandona i tumulti di Venezia e la casa del suo indolente marito per godersi gran parte dell'anno in Padova. Peccato! La sua giovane bellezza ha già perduto quella vereconda ingenuità che sola diffonde le grazie e l'amore. Dotta assai nella donnesca galanteria, si studia di piacere non per altro che per conquistare; così almeno giudico. Tuttavolta, chi sa! Ella sta con me volentieri, e mormora meco[37] sottovoce sovente, e sorride quando la lodo; tanto più ch'ella non si pasce come le altre di quell'ambrosia di freddure chiamate *be' motti*, e *frizzi di spirito*, indizj sempre d'animo nato maligno. Ora sappi che jer sera accostando la sua sedia alla mia, mi parlò d'alcuni miei versi, e innoltrando[38] di mano in mano a ciarlare di sì fatte inezie, non so come, nominai certo libro di cui ella mi richiese. Promisi di recarglielo io stamattina; addio – s'avvicina l'ora.

Ore 2

Il paggio m'additò un gabinetto ove innoltratomi[39] appena, mi si fe' incontro una donna di forse trentacinque anni leggiadramente vestita, e ch'io non avrei presa mai per cameriera se non mi si fosse appalesata ella stessa, dicendomi: «La padrona

37. Con me.
38. Andando avanti a...
39. Vedi nota precedente.

è a letto ancora: a momenti uscirà». Un campanello la fe' correre nella stanza contigua ov'era il talamo della Dea, ed io rimasi a scaldarmi al caminetto, considerando ora una Danae dipinta sul soffitto, ora le stampe di cui le pareti erano tutte coperte, ed ora alcuni romanzi francesi gittati qua e là. In questa[40] le porte si schiusero, ed io sentiva l'aere d'improvviso odorato di mille quintessenze, e vedeva madama tutta molle e rugiadosa entrarsene presta presta e quasi intirizzita di freddo, e abbandonarsi sovra una sedia d'appoggio che la cameriera le preparò presso al fuoco. Mi salutava più con le occhiate, che con la persona – e mi chiedea sorridendo s'io m'era dimenticato della promessa. Io frattanto le porgeva il libro osservando con meraviglia ch'ella non era vestita che di una lunga e rada camicia la quale non essendo allacciata radeva quasi il tappeto, lasciando ignude le spalle e il petto ch'era per altro voluttuosamente difeso da una candida pelle in cui ella stavasi involta. I suoi capelli benché imprigionati da un pettine, accusavano il sonno recente; perché alcune ciocche posavano i loro ricci or sul collo, or fin dentro il seno, quasi che quelle picciole liste nerissime dovessero servire agli occhi inesperti di guida; ed altre calando giù dalla fronte le ingombravano le pupille; essa frattanto alzava le dita per diradarle e talvolta per avvolgerle e rassettarle meglio nel pettine, mostrando in questo modo, forse sopra pensiero, un braccio bianchissimo e tondeggiante scoperto dalla camicia che nell'alzarsi della mano cascava fin'oltre il gomito. Posando sopra un piccolo trono di guanciali si volgeva con compiacenza al suo cagnuolino che le si accostava e fuggiva e correva torcendo il dosso e scuotendo le orecchie e la coda. Io mi posi a sedere sopra una seggiola avvicinata dalla cameriera che si era già dileguata. Quell'adulatrice bestiuola schiattiva, e mordendole e scompigliandole, quasi avesse intenzione, con le zampine gli orli della camicia, lasciava apparire una gentile pianella di seta rosa-lan-

40. In quel momento.

guida, e poco dopo un picciolo piede, o Lorenzo, simile a quello che l'Albano dipingerebbe a una Grazia ch'esce dal bagno. Oh! Se tu avessi, com'io, veduto Teresa nell'atteggiamento medesimo, presso un focolare, anch'ella appena balzata di letto, così discinta, così – chiamandomi a mente quel fortunato mattino mi ricordo che non avrei osato respirar l'aria che la circondava, e tutti tutti i miei pensieri si univano riverenti e paurosi soltanto per adorarla – e certo un genio benefico mi presentò la immagine di Teresa; perch'io, non so come, ebbi l'arte di guardare con un rattenuto sorriso il cagnuolino, e la bella, poi il cagnuolino, e di bel nuovo il tappeto ove posava il bel piede; ma il bel piede era intanto sparito. M'alzai chiedendole perdono ch'io fossi venuto fuor d'ora; e la lasciai quasi pentita – certo; di gaja e cortese si fe' un po' contegnosa – del resto non so. Quando fui solo, la mia ragione, che è in perpetua lite con questo mio cuore, mi andava dicendo: Infelice! temi soltanto di quella beltà che partecipa del celeste: prendi dunque partito, e non ritrarre le labbra dal contravveleno che la fortuna ti porge. Lodai la ragione; ma il cuore aveva già fatto a suo modo. – T'accorgerai che questa lettera la è ricopiata, perch'io ho voluto sfoggiare *lo bello stile*.

Oh! La canzoncina di Saffo! io vado canticchiandola scrivendo, passeggiando, leggendo: né così io vaneggiava, o Teresa, quando non mi era conteso di poterti vedere e udire: pazienza! Undici miglia ed eccomi a casa; e poi altre due; e poi? Quante volte mi sarei fuggito da questa terra se il timore di non essere dalle mie disavventure strascinato troppo lontano da te, non mi trattenesse in tanto pericolo? Qui siamo almeno sotto lo stesso cielo.

P.S. Ricevo in questo momento tue lettere – e torna, Lorenzo! la è pure la quinta volta che tu mi tratti da innamorato: innamorato sì, e che perciò? Ho veduto di molti innamorarsi della Venere Medicea, della Psiche, e perfin della Luna o di qualche stella lor favorita. E tu stesso non eri talmente entusiasta di

Saffo, che pretendevi ravvisarne il ritratto nella più bella donna che tu conoscessi, trattando da maligni e ignoranti coloro che la dipingono piccola, bruna, e bruttina anzi che no?

Fuor di scherzo: conosco d'essere un cervello bizzarro, e stravagante fors'anche; ma dovrò perciò vergognarmi? di che? Da più dì tu mi vuoi cacciar per la testa il grillo di arrossire: ma, salva la tua grazia, io non so, né posso, né devo arrossire di cosa alcuna rispetto a Teresa, né pentirmi, né dolermi. – E viviti lieto.

Padova

Di questa lettera si sono smarrite due carte dove Jacopo narrava certo dispiacere a cui per la sua natura veemente e pe' suoi modi assai schietti andò incontro. L'editore, propostosi di pubblicare religiosamente l'autografo, crede acconcio d'inserire ciò che di tutta la lettera gli rimane, tanto più che da questo si può quasi desumere quello che manca.

manca la prima carta

…

…riconoscente de' beneficj, sono riconoscentissimo anche delle ingiurie; e nondimeno tu sai quante volte io le ho perdonate: ho beneficato chi mi ha offeso; e talora ho compianto chi mi ha tradito. Ma le piaghe fatte al mio onore, Lorenzo! Doveano essere vendicate. Io non so che ti abbiano scritto, né ho cura di saperlo. Ma quando mi s'affacciò quello sciagurato, quantunque da tre anni quasi io non lo rivedeva, m'intesi ardere tutte le membra; eppur mi contenni. Ma doveva egli con nuovi frizzi inasprire l'antico mio sdegno? Io ruggiva quel giorno come un leone, e mi pareva che l'avrei sbranato, anche se l'avessi trovato nel santuario.

Due giorni dopo, il codardo scansò le vie dell'onore, ch'io gli aveva esibite; e tutti gridavano la crociata contro di me, come s'io avessi dovuto tranguggiarmi[41] pacificamente una ingiuria da colui, che ne' tempi addietro mi aveva mangiato la metà del cuore. Questa galante gentaglia affetta generosità, perché non ha coraggio di vendicarsi a visiera alzata; ma chi vedesse i notturni pugnali, e le calunnie, e le brighe! – E dall'altra parte io non l'ho soperchiato. Gli dissi: «Voi avete braccia, e petto al pari di me, ed io sono mortale come voi». Ei pianse, e gridò; ed allora la ira, quella furia mia dominatrice, cominciò ad ammansarsi, perché dall'avvilimento di lui mi accorsi che il coraggio non deve dare diritto per opprimere il debole. Ma deve per questo il debole provocare chi sa trarne vendetta? Credimi: ci vuole una stupida bassezza o una sovrumana filosofia per lasciarsi a beneplacito d'un nemico che ha faccia impudente, anima negra, e mano tremante.

Frattanto l'occasione mi ha smascherato tutti que' signorotti, che mi giuravano sviscerata amicizia; che ad ogni mia parola faceano le meraviglie; e che ad ogni ora mi proferivano la loro borsa e il lor cuore. Sepolture! Bei marmi, e pomposi epitaffi: ma schiudili, vi trovi vermi e fetore. Pare a te, mio Lorenzo, che se l'avversità ci riducesse a domandar del pane, vi sarebbe taluno memore delle sue promesse? O nessuno, o qualche astuto soltanto, che co' suoi beneficj vorrebbe comperare il nostro avvilimento. Amici da bonaccia, nelle burrasche ti annegano. Per costoro tutto è calcolo in fondo. Onde se v'ha taluno nelle cui viscere fremano le generose passioni, o le deve strozzare, o rifuggirsi come le aquile e le fiere magnanime ne' monti inaccessibili e nelle foreste lungi dalla invidia e dalla vendetta degli uomini. Le sublimi anime passeggiano sopra le teste della moltitudine che oltraggiata dalla loro grandezza tenta d'incatenarle o di deriderle, e chiama pazzie le azioni ch'essa immersa nel fango non può, non che ammirare, conoscere. Io non parlo di me; ma quand'io ripenso agli ostacoli che frappone la società al genio

41. Forma arcaica con geminazione della g.

ed al cuore dell'uomo, e come ne' governi licenziosi o tirannici tutto è briga, interesse e calunnia, io m'inginocchio a ringraziar la Natura che dotandomi di questa indole, nemica di ogni servitù, mi ha fatto vincere la fortuna e mi ha insegnato a innalzarmi sopra la mia educazione. So che la prima, sola, vera scienza è questa dell'uomo la quale non si può studiare nella solitudine, e ne' libri: e so che ognuno dee[42] prevalersi della propria fortuna, o dell'altrui per camminare con qualche sostegno su i precipizj della vita. Sia: per me, pavento d'essere ingannato da chi saprebbe ammaestrarmi, precipitato da quella stessa fortuna che potrebbe innalzarmi; e battuto dalla mano che avrebbe tanto vigore da sostenermi...

manca un'altra carta

...

...s'io fossi nuovo: ma ho sentito fieramente tutte le passioni, né potrei vantarmi intatto da tutti i vizj. È vero, che nessun vizio mi ha vinto mai, e ch'io in questo terrestre pellegrinaggio sono d'improvviso trapassato dai giardini ai deserti: ma insieme confesso che i miei ravvedimenti nacquero da un certo sdegno orgoglioso, e dalla disperazione di trovare la gloria e la felicità a cui da' primi anni io agognava. S'io avessi venduta la fede, rinnegata la verità, trafficato il mio ingegno, credi tu ch'io non vivrei più onorato e tranquillo? Ma gli onori e la tranquillità del mio secolo guasto meritano forse di essere acquistati col sagrificio[43] dell'anima? Forse più che l'amore della virtù, il timore della bassezza m'ha rattenuto[44] alle volte da quelle colpe, che sono rispettate ne' potenti, tollerate ne' più, ma che per non lasciare senza vittime il simulacro della giustizia sono punite nei miseri. No; né umana forza, né prepotenza divina mi faranno re-

42. Deve.
43. Forma arcaica. Vedi nota 1.
44. Trattenuto.

citare mai nel teatro del mondo la parte del piccolo briccone. Per vegliare le notti nel gabinetto delle belle più illustri, ben io mi so che conviene professare libertinaggio, perché le vogliono mantenersi in riputazione dove sospettano ancora il pudore. E taluna m'addottrinò nelle arti della seduzione, e mi confortò al tradimento – e avrei forse tradito e sedotto; ma il piacere ch'io ne sperava scendeva amarissimo dentro il mio cuore, il quale non ha saputo mai pacificarsi co' tempi, o far alleanza con la ragione. E però tu mi udivi assai volte esclamare *che tutto dipende dal cuore*! Dal cuore che né gli uomini né il cielo, né i nostri medesimi interessi possono cangiar[45] mai.

Nella Italia più culta, e in alcune città della Francia ho cercato ansiosamente *il bel mondo* ch'io sentiva magnificare con tanta enfasi: ma dappertutto ho trovato volgo di nobili, volgo di letterati, volgo di belle, e tutti sciocchi, bassi, maligni; tutti. Mi sono intanto sfuggiti que' pochi che vivendo negletti fra il popolo o meditando nella solitudine serbano rilevati i caratteri della loro indole non ancora strofinata[46]. Intanto io correva di qua, di là, di su, di giù come le anime de' scioperati cacciate da Dante alle porte dell'inferno, non reputandole degne di starsi fra' perfetti dannati. In tutto un anno sai tu che raccolsi? Ciance, vituperj, e noja mortale. E qui dond'io guardava il passato tremando, e mi rassicurava, credendomi in porto, il demonio mi strascina a sì fatti malanni. Or tu vedi ch'io debbo drizzar gli occhi miei al raggio di salute che il Cielo mi ha presentato. Ma ti scongiuro, lascia andare l'usata predica: *Jacopo Jacopo! Questa tua indocilità ti fa divenire misantropo*. E ti pare che se odiassi gli uomini, mi dorrei come fo' de' lor vizj? Tuttavia poiché non so riderne, e temo di rovinare, io stimo migliore partito la ritirata. E chi mi affida dall'odio di questa razza d'uomini tanto da me diversa? Né giova disputare per iscoprire[47] per chi stia la ragione:

45. Cambiare.
46. Maturata.
47. Scoprire. "*i*" prostetica.

non lo so; né la pretendo tutta per me. Quello che importa, si è (e tu in ciò sei d'accordo) che questa indole mia altera, salda, leale; o piuttosto ineducata, caparbia, imprudente, e la religiosa etichetta che veste d'una stessa divisa tutti gli esterni costumi di costoro, non si confanno; e davvero io non mi sento in umore di mutar abito. Per me dunque è disperata perfino la tregua, anz'io sono in aperta guerra, e la sconfitta è imminente; poiché non so neppure combattere con la maschera della dissimulazione, *virtù* d'assai credito e di maggiore profitto. Ve' la gran presunzione! io mi reputo meno brutto degli altri e sdegno perciò di contraffarmi; anzi buono o reo ch'io mi sia, ho la generosità, o di' pure la sfrontatezza, di presentarmi nudo, e quasi quasi come sono uscito dalle mani della Natura. Che se talvolta io dico fra me: Pensi tu che la verità in bocca tua sia men temeraria? Io da ciò ne desumo che sarei matto se avendo trovato nella mia solitudine la tranquillità de' Beati, i quali s'imparadisano nella contemplazione del sommo bene, io per *non istare a rischio d'innamorarmi* (ecco la tua solita antifona) mi commettessi alla discrezione di questa ciurma cerimoniosa e maligna.

Padova, 23 dicembre

Questo scomunicato paese m'addormenta l'anima, nojata della vita: tu puoi garrirmi a tua posta, in Padova non so che farmi: se tu vedessi con che faccia sguajata mi sto qui scioperando e durando fatica a incominciarti questa meschina lettera! Il padre di Teresa è tornato a' colli e mi ha scritto; gli ho risposto dandogli avviso che fra non molto ci rivedremo; e mi pare mill'anni.

Questa università (come saranno, pur troppo, tutte le università della terra!) è per lo più composta di professori orgogliosi e nemici fra loro, e di scolari dissipatissimi. Sai tu perché fra la turba de' dotti gli uomini sommi son così rari? Quello istinto ispirato dall'alto che costituisce il "Genio" non vive se non se nella indipendenza e nella solitudine, quando i tempi vietandogli d'operare, non gli lasciano che lo scrivere. Nella società si legge molto, non si medita, e si copia; parlando sempre, si svapora quella bile generosa che fa sentire, pensare, e scrivere fortemente: per balbettar molte lingue, si balbetta anche la propria, ridicoli a un tempo agli stranieri e a noi stessi: dipendenti dagl'interessi, dai pregiudizj, e dai vizj degli uomini fra i quali si vive, e guidati da una catena di doveri e di bisogni, si commette alla moltitudine la nostra gloria, e la nostra felicità: si palpa la ricchezza e la possanza, e si paventa perfino di essere grandi perché la fama aizza i persecutori, e l'altezza di animo fa sospettare i governi; e i principi vogliono gli uomini tali da non riescire[48] né eroi, né incliti scellerati mai. E però chi in tempi schiavi è pagato per istruire, rado o non mai si sacrifica al vero e al suo sacrosanto istituto; quindi quell'apparato delle lezioni cattedratiche le quali ti fanno difficile la ragione e sospetta la verità. Se non ch'io d'altronde sospetto che gli uomini tutti sieno altrettanti ciechi che viaggiano al bujo, alcuni de' quali si schiudano le palpebre a fatica immaginando di distinguere le tenebre fra le quali denno pur camminar brancolando. Ma questo sia per non detto: e' ci sono certe opinioni che andrebbero disputate con que' pochi soltanto che guardano le scienze col sogghigno con che Omero guardava le gagliardie delle rane e de' topi.

A questo proposito: vuoi tu darmi retta una volta? or che Dio mandò il compratore, vendi in corpo e in anima tutti i miei libri. Che ho da fare di quattro migliaja e più di volumi ch'io non so né voglio leggere? Preservami que' pochissimi che tu vedrai ne' margini postillati di mia mano. O come un tempo io m'affannava profondendo co' librai tutto il mio! Ma questa pazzia la non se n'è ita se non per cedere forse luogo ad un'altra. Il danaro

48. Forma arcaica di *riuscire*.

dàllo a mia madre. Cercando di rifarla di tante spese – io non so come, ma, a dirtela, darei fondo a un tesoro – questo ripiego mi è sembrato il più spiccio. I tempi diventano sempre più calamitosi, e non è giusto che quella povera donna meni per me disagiata la poca vita che ancora le avanza. Addio.

Da' colli Euganei, 3 Gennajo 1798

Perdona; ti credeva più savio. Il genere umano è questo branco di ciechi che tu vedi urtarsi, spingersi, battersi, e incontrare o strascinarsi dietro la inesorabile fatalità. A che dunque seguire, o temere ciò che ti deve succedere?

M'inganno? l'umana prudenza può rompere questa catena invisibile di casi e d'infiniti minimi accidenti che noi chiamiamo destino? Sia: ma può ella per questo mettere sicuro lo sguardo fra le ombre dell'avvenire? O! tu nuovamente mi esorti a fuggire Teresa; e gli è come dirmi: Abbandona ciò che ti fa cara la vita; trema del male, e t'imbatti nel peggio. Ma poniamo ch'io paventando il pericolo da prudente, dovessi chiudere l'anima mia a ogni barlume di felicità, tutta la mia vita non somiglierebbe forse le austere giornate di questa nebbiosa stagione, le quali ci fanno desiderare di poter non esistere fin tanto ch'esse rattristano la Natura? Di' il vero, Lorenzo; or non saria meglio che parte almeno del mattino fosse confortata dal raggio del Sole anche a patti che la notte si rapisse il dì innanzi sera? Che s'io dovessi far sempre la guardia a questo mio cuore prepotente, sarei con me stesso in eterna guerra, e senza pro. Navigherò per perduto, e vada come sa andare. – Intanto io:

Sento l'aura mia anticha, e i dolci colli
veggo apparir![49]

49. Si tratta di un sonetto del Petrarca.

10 gennajo

Odoardo spera distrigato il suo affare tra un mese; così scrive: tornerà dunque, a dir tardi, a primavera. Allora sì, verso ai primi d'Aprile, crederò ragionevole di partirmi.

19 gennajo

Umana vita? Sogno; ingannevole sogno al quale noi pur diam sì gran prezzo, siccome le donnicciuole ripongono la loro ventura nelle superstizioni e ne' presagj! Bada; ciò cui tu stendi avidamente la mano è un'ombra forse, che mentre è a te cara, a tal altro è nojosa. Sta dunque tutta la mia felicità nella vota[50] apparenza delle cose che ora m'attorniano; e s'io cerco alcun che di reale, o torno a ingannarmi, o spazio attonito e spaventato nel nulla! Io non lo so; ma, per me, temo che Natura abbia costituito la nostra specie quasi minimo anello passivo dell'incomprensibile suo sistema, dotandone di cotanto amor proprio, perché il sommo timore e la somma speranza creandoci nella immaginazione una infinita serie di mali e di beni, ci tenessero pur sempre affannati di questa esistenza breve, dubbia, infelice. E mentre noi serviamo ciecamente al suo fine, essa ride del nostro orgoglio che ci fa reputare l'universo creato solo per noi, e noi soli degni e capaci di dar leggi al creato.

Andava dianzi perdendomi per le campagne, inferraiuolato[51] sino agli occhi, considerando lo squallore della terra tutta sepolta sotto le nevi, senza erba né fronda che mi attestasse le sue passate dovizie. Né potevano gli occhi miei lungamente fissarsi su le spalle de' monti, il vertice de' quali era immerso in una negra nube di gelida nebbia che piombava ad accrescere il lutto dell'aere freddo ed ottenebrato. E parevami vedere quelle nevi

50. *Vuota*. Forma desueta.
51. Tutto imbacuccato.

disciogliersi e precipitare a torrenti che innondavano[52] il piano, trascinandosi impetuosamente piante, armenti, capanne, e sterminando in un giorno le fatiche di tanti anni, e le speranze di tante famiglie. Trapelava di quando in quando un raggio di Sole, il quale quantunque restasse poi soverchiato dalla caligine, lasciava pur di vedere che sua mercé soltanto il mondo non era dominato da una perpetua notte profonda. Ed io rivolgendomi a quella parte di cielo che albeggiando manteneva ancora le tracce del suo splendore: «O Sole», diss'io, «tutto cangia quaggiù! E verrà giorno che Dio ritirerà il suo sguardo da te, e tu pure sarai trasformato; né più allora le nubi corteggeranno i tuoi raggi cadenti; né più l'alba inghirlandata di celesti rose verrà cinta di un tuo raggio su l'oriente ad annunziar che tu sorgi. Godi intanto della tua carriera, che sarà forse affannosa, e simile a questa dell'uomo; tu 'l vedi; l'uomo non gode de' suoi giorni; e se talvolta gli è dato di passeggiare per li fiorenti prati d'Aprile, dee[53] pur sempre temere l'infocato aere dell'estate, e il ghiaccio mortale del verno.

22 gennajo

Così va, caro amico: Stavami al focolare del mio castaldo[54], dove alcuni villani de' contorni s'adunano a crocchio[55] a scaldarsi, contandosi le loro novelle e le antiche avventure. Entrò una ragazza scalza, assiderata, e fattasi all'ortolano, lo richiese della limosina per la povera vecchia. Mentre la si stava rifocillando al fuoco, esso le preparava due fasci di legna e due pani bigi. La villanella se li pigliò, e salutandoci, uscì. Usciva io pure, e senz'avvedermi, la seguitava calcando dietro le sue peste la

52. Forma arcaica.
53. Deve.
54. Amministratore delle proprietà.
55. A gruppetti.

neve. Giunta a un mucchio di ghiaccio, si soffermò esaminando con gli occhi un altro sentiero, ed io raggiungendola: «Andate voi lontano ragazza? Signor mio, no; un mezzo miglio». «Pur que' due fasci vi fanno camminare a disagio; lasciatene portare uno anche a me». «I fasci tanto non mi darebbero noja se me li potessi reggere sulla spalla con tutte due le braccia; ma questi due pani m'intrigano». «Or via, porterò i pani». Non fiatò, e la si fe' tutta rossa, e mi porse i pani ch'io mi riposi sotto il tabarro. Dopo breve ora entrammo in una capannuccia. Sedeva in un cantuccio una vecchierella con un caldano fra piedi pieno di brace smorzata sovra le quali stendeva le palme, appoggiando i polsi su le estremità de' ginocchi. «Buongiorno, madre». «Buongiorno». «Come state voi, madre?» Né a questa, né a dieci altre interrogazioni mi fu possibile d'impetrare[56] risposta; perch'essa attendeva a riscaldarsi le mani, alzando gli occhi di quando in quando come per vedere se eravamo ancora partiti. Posammo trattanto quelle poche provvisioni, e la vecchia, senza più guardar noi, le stava considerando con occhio mobile: e a' nostri saluti e alle promesse di ritornare domani, la non rispose se non se un'altra volta quasi per forza «Buongiorno».

Ravviandoci verso casa, la villanella mi raccontava, come quella donna ad onta di forse ottanta anni e più, e di una difficilissima vita, perché talvolta avveniva che i temporali vietavano a' contadini di recarle la limosina che le raccoglievano, in guisa che vedevasi sul punto di perire d'inedia, pur nondimeno tremava tuttavia di morire e borbottava sempre sue preci perché il cielo la tenesse ancor viva. Ho poi udito dire a' vecchi del contado, che da molti anni le morì di un'archibugiata il marito dal quale ebbe figliuoli e figliuole, e poi generi, nuore e nipoti ch'essa vide tutti perire e cascarle l'un dopo l'altro a' piedi nell'anno memorabile della fame. «Eppur, fratel mio, né i passati né i presenti mali la uccidono, e si palpa ancora una vita che

56. Ottenere.

nuota sempre in un mar di dolore».

Ahi dunque! Tanti affanni assediano la nostra vita, che a mantenerla vuolsi non meno che un cieco istinto prepotente per cui (quantunque la Natura ci spiani i mezzi da liberarcene) siamo spesso forzati a comperarla con l'avvilimento, col pianto, e talvolta ancor col delitto!

17 marzo

Da due mesi non ti do segno di vita, e tu ti se' sgomentato; e temi ch'io sia vinto oggimai dall'amore da *dimenticarmi di te e della patria*. Fratel mio Lorenzo, tu conosci pur poco me e il cuore umano ed il tuo, se presumi che il desiderio di patria possa temperarsi mai, non che spegnersi; se credi che ceda ad altre passioni – ben irrita le altre passioni, e n'è più irritato; ed è pur vero, e in questo hai detto pur bene! *L'amore in un'anima esulcerata, e dove le altre passioni sono disperate, riesce onnipotente* – e io lo provo; ma che riesca funesto, t'inganni: senza Teresa, io sarei forse oggi sotterra.

La Natura crea di propria autorità tali ingegni da non poter essere se non generosi; venti anni addietro sì fatti ingegni si rimanevano inerti ed assiderati nel sopore universale d'Italia: ma i tempi d'oggi hanno ridestato in essi le virili e natie loro passioni; ed hanno acquistato tal tempra, che spezzarli puoi, piegarli non mai. E non è sentenza metafisia[57] questa: la è verità che splende nella vita di molti antichi mortali gloriosamente infelici: verità di cui mi sono accertato convivendo fra molti nostri concittadini: e li compiango insieme e gli ammiro; da che, se Dio non ha pietà dell'Italia, dovranno chiudere nel loro secreto il desiderio di patria – funestissimo! Perché o strugge, o addolora tutta la vita; e nondimeno anziché abbandonarlo,

57. Metafisica.

avranno cari i pericoli, e quell'angoscia, e la morte. Ed io mi sono uno di questi; e tu, mio Lorenzo.

Ma s'io scrivessi intorno a quello ch'io vidi, e so delle cose nostre, farei cosa superflua e crudele ridestando in voi tutti il furore che vorrei pur sopire dentro di me: piango, credimi, la patria – la piango secretamente, e desidero,

Che le lagrime mie si spargan sole.[58]

Un'altra specie d'amatori d'Italia si quereli ad altissima voce a sua posta. Esclamano d'essere stati venduti e traditi: ma se si fossero armati sarebbero stati vinti forse, non mai traditi; e se si fossero difesi sino all'ultimo sangue, né i vincitori avrebbero potuto venderli, né i vinti si sarebbero attentati di comperarli. Se non che moltissimi de' nostri presumono che la libertà si possa comperare a danaro; presumono che le nazioni straniere vengano per amore dell'equità a trucidarsi scambievolmente su' nostri campi onde liberare l'Italia! Ma i francesi che hanno fatto parere esecrabile la divina teoria della pubblica libertà, faranno da Timoleoni in pro nostro? Moltissimi intanto si fidano nel Giovine Eroe nato di sangue italiano; nato dove si parla il nostro idioma. Io da un animo basso e crudele, non m'aspetterò mai cosa utile ed alta per noi. Che importa ch'abbia il vigore e il fremito del leone, se ha la mente volpina, e se ne compiace? Sì; basso e crudele – né gli epiteti sono esagerati. A che non ha egli venduto Venezia con aperta e generosa ferocia? Selim I°[59] che fece scannare sul Nilo trenta mila guerrieri Circassi arresisi alla sua fede, e Nadir Schah[60] che nel nostro secolo trucidò trecento mila Indiani, sono più atroci, bensì meno spregevoli. Vidi con gli occhi miei una costituzione democratica postillata dal Giovine Eroe, postillata di mano sua, e mandata da Passeriano a Venezia

58. Petrarca, *Il canzoniere*, sonetto XVIII.
59. Sultano dell'impero ottomano.
60. Scià di Persia.

perché s'accettasse; e il trattato di Campo Formio era già da più giorni firmato e Venezia era trafficata; e la fiducia che l'Eroe nutriva in noi tutti ha riempito l'Italia di proscrizioni, d'emigrazioni, e d'esilii[61]. – Non accuso la ragione di stato che vende come branchi di pecore le nazioni: così fu sempre, e così sarà: piango la patria mia,

Che mi fu tolta, e il modo ancor m'offende.[62]

Nasce italiano, e soccorrerà un giorno alla patria: altri sel creda; io risposi, e risponderò sempre: *La Natura lo ha creato tiranno: e il tiranno non guarda a patria; e non l'ha.*

Alcuni altri de' nostri, veggendo le piaghe d'Italia, vanno pur predicando doversi sanarle co' rimedi estremi necessari alla libertà. Ben è vero, l'Italia ha preti e frati; non già sacerdoti: perché dove la religione non è inviscerata nelle leggi e ne' costumi d'un popolo, l'amministrazione del culto è bottega. L'Italia ha de' titolati quanti ne vuoi; ma non ha propriamente patrizj: da che i patrizj difendono con una mano la repubblica in guerra, e con l'altra la governano in pace; e in Italia sommo fasto de' nobili è il non fare e il non sapere mai nulla. Finalmente abbiamo plebe; non già cittadini; o pochissimi. I medici, gli avvocati, i professori d'università, i letterati, i ricchi mercatanti, l'innumerabile schiera degl'impiegati fanno arti gentili essi dicono, e cittadinesche; non però hanno nerbo e diritto cittadinesco. Chiunque si guadagna sia pane, sia gemme con l'industria sua personale, e non è padrone di terre, non è se non parte di plebe; meno misera, non già meno serva. Terra senza abitatori può stare; popolo senza terra, non mai: quindi i pochi signori delle terre in Italia, saranno pur sempre dominatori invisibili ed arbitri della nazione. Or di preti e frati facciamo de' sacerdoti; convertiamo i titolati in patrizj; i popolani tutti, o molti almeno, in cittadini

61. Forma arcaica.
62. Dante Alighieri, *Divina Commedia, Inferno*, Canto V, vv. 101-102.

abbienti, e possessori di terre – ma badiamo! Senza carnificine; senza riforme sacrileghe di religione; senza fazioni; senza proscrizioni né esilii; senza ajuto e sangue e depredazioni d'armi straniere; senza divisione di terre; né leggi agrarie; né rapine di proprietà famigliari – da che se mai (a quanto intesi ed intendo) se mai questi rimedi necessitassero a liberarne dal nostro infame perpetuo servaggio, io per me non so cosa mi piglierei – né infamia, né servitù: ma neppur essere esecutore di sì crudeli e spesso inefficaci rimedi – se non che all'individuo restano molte vie di salute; non fosse altro il sepolcro: – ma una nazione non si può sotterrar tuttaquanta. E però, se scrivessi, esorterei l'Italia a pigliarsi in pace il suo stato presente, e a lasciare alla Francia la obbrobriosa sciagura di avere svenato tante vittime umane alla Libertà – su le quali la tirannide de' Cinque, o de' Cinquecento, o di Un solo – torna tutt'uno – hanno piantato e pianteranno i lor troni; e vacillanti di minuto in minuto, come tutti i troni che hanno per fondamenta i cadaveri.

Il lungo tempo da che non ti scrivo non è corso perduto per me; credo invece d'avere guadagnato anche troppo – ma guadagni fatali! Il signore T*** ha moltissimi libri di filosofia politica, e i migliori storici del mondo moderno: e tra per non volermi trovare assai spesso vicino a Teresa, tra per noja e per curiosità, due vigili istigatrici del genere umano – mi son fatto mandare que' libri; e parte n'ho letto, parte ne ho scartabellato, e mi furono tristi compagni di questa vernata. Certo che più amabile compagnia mi parvero gli uccelletti i quali cacciati per disperazione dal freddo a cercarsi alimento vicino alle abitazioni degli uomini loro nemici, si posavano a famiglie e a tribù sul mio balcone dov'io apparecchiava loro da desinare e da cena – ma forse ora che va cessando il loro bisogno non mi visiteranno mai più. Intanto dalle mie lunghe letture ho raccolto: Che il non conoscere gli uomini è pur cosa pericolosa; ma il conoscerli quando non s'ha cuore da volerli ingannare è pur cosa funesta! Ho raccolto: Che le molte opinioni de' molti libri, e le contraddizioni storiche, t'inducono al pirronismo[63] e ti fanno errare nella confusione, e nel caos, e nel nulla: ond'io, a chi mi stringesse[64] o di sempre leggere, o di non leggere mai, mi torrei[65] di non leggere mai; e così forse farò. Ho raccolto: Che abbiamo tutti passioni vane com'è appunto la vanità della vita; e che nondimeno sì fatta vanità è la sorgente de' nostri errori, del nostro pianto, e de' nostri delitti.

Pur nondimeno io mi sento rinsanguinare più sempre all'anima questo furore di patria: e quando penso a Teresa – e se spero – rientro subito in me assai più costernato di prima; e ridico: «Quand'anche l'amica mia fosse madre de' miei figliuoli, i miei figliuoli non avrebbero patria; e la cara campagna della mia vita se n'accorgerebbe gemendo. Pur troppo!» Alle altre passioni che fanno alle giovinette sentire sull'aurora del loro giorno fuggitivo i dolori, e più assai alle giovinette italiane, s'è aggiunto questo infelice amore di patria. Ho sviato il signore T*** da' discorsi di politica, de' quali si appassiona – sua figlia non apriva mai bocca: ma io pur m'avvedeva come le angosce di suo padre e le mie si rovesciavano nelle viscere di quella fanciulla. Tu sai che non è femminetta volgare: e prescindendo anche da' suoi interessi – da che in altri tempi avrebbero potuto eleggersi altro marito – è dotata d'animo altero, e di signorili pensieri. E vede quanto m'è grave quest'ozio di oscuro e freddo egoista in cui logoro tutti i miei giorni – davvero, Lorenzo; anche tacendo, io paleso che sono misero e vile dinanzi a me stesso. La volontà forte e la nullità di potere in chi sente una passione politica lo fanno sciaguratissimo dentro di sé: e se non tace, lo fanno parere ridicolo al mondo; si fa la figura di paladino da romanzo e d'innamorato impotente della propria città. Quando Catone s'uccise, un povero patrizio, chiamato Cozio, lo imitò: l'uno fu ammirato perché aveva prima tentato ogni via a non servire;

63. Scetticismo.
64. Costringesse.
65. Eviterei.

l'altro fu deriso perché per amore della libertà non seppe far altro che uccidersi.

Ma qui stando, non foss'altro co' miei pensieri, presso a Teresa – perch'io regno ancor tanto sopra di me, ch'io lascio passare tre e quattro giorni senza vederla – pur il solo ricordarmene mi fa provare un foco soave, un lume, una consolazione di vita – breve forse, ma divina dolcezza – e così mi preservo per ora dalla assoluta disperazione.

E quando sto seco – ad altri forse nol crederesti, o Lorenzo, a me sì – allora non le parlo d'amore. È mezz'anno oramai da che l'anima sua s'è affratellata alla mia, e non ha mai inteso uscire fuor delle mie labbra la certezza ch'io l'amo. – Ma e come non può esserne certa? – Suo padre giuoca meco a scacchi le intere serate: essa lavora seduta accanto a quel tavolino, silenziosissima, se non quanto parlano gli occhi suoi; ma di rado: e chinandosi a un tratto non mi domandano che pietà. – E qual altra pietà posso mai darle, da questa in fuori di tenerle, quanto avrò forza, tenerle occulte come più potrò tutte le mie passioni? Né io vivo se non per lei sola: e quando anche questo mio nuovo sogno soave terminerà, io calerò volentieri il sipario. La gloria, il sapere, la gioventù, le ricchezze, la patria, tutti fantasmi che hanno fino ad or recitato nella mia commedia, non fanno più per me. Calerò il sipario; e lascierò[66] che gli altri mortali s'affannino per accrescere i piaceri e menomare i dolori d'una vita che ad ogni minuto s'accorcia, e che pure que' meschini se la vorrebbero persuadere immortale.

Eccoti con l'usato disordine, ma con insolita pacatezza risposto alla tua lunga affettuosissima lettera: tu sai dire assai meglio le tue ragioni: – io le mie le sento troppo; però pajo ostinato. – Ma s'io ascoltassi più gli altri che me, rincrescerei forse a me stesso: – e nel non rincrescere a sé, sta quel po' di felicità che l'uomo può sperar su la terra.

66. Forma desueta.

3 aprile

Quando l'anima è tutta assorta in una specie di beatitudine, le nostre deboli facoltà oppresse dalla somma del piacere diventano quasi stupide, mute, e inette ad ogni fatica. Che s'io non menassi una vita da santo, le mie lettere ti capiterebbero innanzi più spesse. Se le sventure raggravano il carico della vita, noi corriamo a farne parte a qualche infelice; ed egli spreme conforto dal sapere che non è il solo dannato alle lagrime. Ma se lampeggia qualche momento di felicità, noi ci concentriamo tutti in noi stessi, temendo che la nostra ventura possa, partecipandosi, diminuirsi; o l'orgoglio nostro soltanto ci consiglia a menarne trionfo. E poi sente assai poco la propria passione, o lieta o trista che sia, chi sa troppo minutamente descriverla. Intanto la Natura ritorna bella, quale dev'essere stata quando nascendo la prima volta dall'informe abisso del caos, mandò foriera la ridente Aurora di Aprile; ed ella abbandonando i suoi biondi capelli su l'oriente, e cingendo poi a poco a poco l'universo del roseo suo manto, diffuse benefica le fresche rugiade, e destò l'alito vergine de' venticelli per annunciare ai fiori, alle nuvole, alle onde e agli esseri tutti che la salutavano, il Sole: il Sole! Sublime immagine di Dio, luce, anima, vita di tutto il creato.

6 aprile

È vero; troppo! Questa mia fantasia mi dipinge così realmente la felicità ch'io desidero, e me la pone davanti agli occhi, e sto lì lì per toccarla con mano, e mi mancano ancor pochi passi – E poi? Il tristo mio cuore se la vede svanire e piange quasi perdesse un bene posseduto da lungo tempo. Tuttavia – ei le scrive che la cabala forense gli fu da prima cagione d'indugio, e che poi la rivoluzione ha interrotto per qualche giorno il corso dei tribunali: aggiungi che dove predomina l'interesse, le altre passioni si tacciono; un nuovo amore forse – ma tu dirai: E tutto ciò cosa importa? Nulla, caro Lorenzo: a Dio non piaccia ch'io mi prevalga della freddezza d'Odoardo – ma non so come si possa starle lontano un solo giorno di più! Andrò dunque ognor più lusingandomi per tracannarmi poscia la mortale bevanda che mi sarò io medesimo preparata?

11 aprile

Ella sedeva sopra un sofà di rincontro alla finestra delle colline, osservando le nuvole che passeggiavano per la ampiezza del cielo.

«Vedete», mi disse, «quel l'azzurro profondo!» Io le stava accanto muto muto, con gli occhi fissi su la sua mano che tenea socchiuso un libricciuolo. Io non so come, ma non mi avvidi che la tempesta cominciava a muggire dal settentrione, e atterrava le piante più giovani.

«Poveri arbuscelli!» esclamò Teresa.

Mi scossi. Si addensavano le tenebre della notte che i lampi rendeano più negre. Diluviava, tuonava – poco dopo vidi le finestre chiuse, e i lumi nella stanza. Il ragazzo per far ciò ch'ei soleva fare tutte le sere e temendo del mal tempo, venne a rapirci lo spettacolo della Natura adirata; e Teresa che stava sopra pensiero, non se ne accorse e lo lasciò fare.

Le tolsi di mano il libro e aprendolo a caso, lessi:

La tenera Gliceria lasciò su queste mie labbra l'estremo sospiro. Con Gliceria ho perduto tutto quello ch'io poteva mai perdere. La sua fossa è il solo palmo di terra ch'io degni di chiamar mio. Niuno, fuori di me, ne sa il luogo. L'ho coperta di folti rosaj i quali fioriscono come un giorno fioriva il suo volto, e diffondono la fragranza soave che spirava il suo seno. Ogni anno nel mese delle rose io visito il sacro boschetto. Siedo su quel cumulo di terra che serba le sue ossa; colgo una rosa, e – sto meditando: Tal tu fiorivi un dì! E sfoglio quella rosa, e la sparpaglio – e mi rammento quel dolce sogno de' nostri amori. O mia Gliceria, ove sei tu? Una lagrima cade su l'erba che spunta su la sepoltura, e appaga l'ombra amorosa.

Tacqui.

«Perchè non leggete?» diss'ella sospirando e guardandomi. Io rileggeva: e tornando a proferire nuovamente: *Tal tu fiorivi un dì!* la mia voce fu soffocata; una lagrima di Teresa grondò su la mia mano che stringeva la sua.

17 aprile

Ti risovviene di quella giovinetta che quattro anni fa villeggiava appie' di queste colline? era la innamorata del nostro Olivo P***, e tu sai com'ei impoverì, nè poté più averla in isposa[67]. Oggi io l'ho riveduta accasata a un titolato, parente della famiglia T***. Passando per le sue possessioni, venne a visitare Teresa. Io sedeva per terra sul tappeto, e attentissimo all'esemplare della mia Isabellina che scorbiava *l'abbiccì* sopra una sedia. Com'io la vidi, m'alzai correndole incontro quasi quasi per abbracciarla: - quanto diversa! contegnosa, affettata, penò a ravvisarmi, e poi fece le maraviglie masticando un complimentuccio mezzo a me, mezzo a Teresa – e scommetto che la mia vista non preveduta l'ha sconcertata. Ma cinguettando e di giojelli e di nastri e di vezzi e di cuffie, si rinfrancò. Io mi sperava di usarle un atto di carità graziosa sviando il disorso da simili frascherie; e perché quasi tutte le giovani le si fanno più belle in viso, e non bisognano d'altri ornamenti, allorquando modestamente ti parlano del lor cuore, le ricordai queste campagne e que' suoi gior-

67. *"i"* prostetica.

ni beati. Ah, ah, rispose sbadatamente; e tirò innanzi ad anatomizzare l'oltramontano *travaglio* de' suoi orecchini. Il marito frattanto (perché fra il *Popolone de' pigmei* ha scroccato fama di *savant* come l'Algarotti e il ***) gemmando il suo pretto *favellare* toscano di mille frasi francesi, magnificava il prezzo di quelle inezie, e il buon gusto della sua sposa. Stava io per pigliarmi il cappello, ma un'occhiata di Teresa mi fe' star cheto. La conversazione venne di mano in mano a cadere su' libri che noi leggevamo in campagna. Allora tu avresti udito Messere tesserci il panegerico della *prodigiosa* biblioteca de' suoi maggiori, e della collezione di tutte l'edizioni *Principes* degli antichi ch'ei ne' suoi viaggi ebbe cura di *completare*. Io rideva fra cuore, ed ei proseguiva la sua lezione di frontespizj. Quando Gesù volle, tornò un servo ch'era ito in traccia del signore T*** ad avvertire Teresa che non l'avea potuto trovare, perché egli era uscito a caccia per le montagne; e la lezione fu rotta. Chiesi alla sposa novella di Olivo ch'io dopo le sue disgrazie non aveva più riveduto. Immaginerai che cuore fu il mio quando m'intesi freddamente rispondere dall'antica sua amante: «È già morto. È morto!» sclamai balzando in piedi, e guardandola stupidito. E descrissi a Teresa l'egregia indole di quel giovine senza pari, e la sua nemica fortuna che lo costrinse a combattere con la povertà e con la infamia; e morì nondimeno scevro di taccia e di colpa.

Il marito allora prese a narrarci la morte del padre di Olivo, le dissensioni con suo fratello primogenito, le liti sempre più accanite, e la sentenza de' tribunali che giudici fra due figli di uno stesso padre, per arricchire l'uno, spogliarono l'altro; divoratosi il povero Olivo fra le cabale del foro anche quel poco che gli rimanea. Moralizzava su questo giovine *stravagante* che ricusò i soccorsi di suo fratello, e invece di placarselo, lo inasprì sempre più. «Sì sì», lo interruppi, se suo fratello non ha potuto essere giusto, Olivo non doveva essere vile. Tristo colui che ritira il suo cuore dai consigli e dal compianto dell'amicizia, e sdegna i mutui sospiri della pietà, e rifiuta il pronto soccorso che la mano dell'amico gli porge. Ma le mille volte più tristo chi fida nell'amicizia del ricco: e presumendo virtù in chi non fu mai sventurato, accoglie quel beneficio che dovrà poscia scontare con altrettanta onestà. La felicità non si collega con la sventura che per comperare la gratitudine e tiranneggiare la virtù. L'uomo, animale oppressore, abusa dei capricci della fortuna per aggiudicarsi il diritto di soverchiare. A' soli afflitti è bensì conceduto il potersi e soccorrere e consolare scambievolmente senz'insultarsi; ma colui che giunse a sedere alla mensa del ricco, tosto, benché tardi, s'avvede.

Come sa di sale
lo pane altrui.[68]

E per questo, oh quanto è men doloroso l'andare accattando di porta in porta la vita, anziché umiliarsi, o esecrare lindiscreto benefattore che ostentando il suo beneficio, esige in ricompensa il tuo rossore e la tua libertà!

«Ma voi», mi rispose il marito, «non mi avete lasciato finire. Se Olivo uscì dalla casa paterna, rinunziando tutti gl'interessi al primogenito, *perché* poi volle pagare i debiti di suo padre? Che? non affrontò ei medesimo l'indigenza ipotecando per questa sciocca delicatezza anche la sua porzione della dote materna?»

«Perché?»

Se l'erede defraudò i creditori co' sotterfugj forensi, Olivo doveva mai comportare che le ossa di suo padre fossero maledette da coloro che nelle avversità lo aveano sovvenuto delle loro sostanze, e ch'ei fosse mostrato a dito per le strade come figliuolo di un fallito? Questa generosa onestà diffamò il primogenito che non era nato a imitarla, e che dopo d'avere tentato invano il fratello co' beneficj, gli giurò poscia inimicizia mortale

68. Dante Alighieri, *Divina Commedia, Paradiso*, Canto XVII.

e veramente feudale e fraterna. Olivo intanto perdé l'ajuto di quelli che lo lodavano forse nel loro secreto, perché restò soverchiato dagli scellerati, essendo più agevole approvar la virtù, che sostenerla a spada tratta e seguirla. Per questo l'uomo dabbene in mezzo a' malvagi rovina sempre; e noi siam soliti ad associarci al più forte, a calpestare chi giace e a giudicar dall'evento. Non mi rispondevano; ed erano forse convinti, non già persuasi, e soggiunsi. «Invece di piangere Olivo, ringrazio il sommo Iddio che lo ha chiamato lontano da tante ribalderie, e dalle nostre imbecillità. Da che, a dir vero, noi stessi, noi devoti della virtù, siamo pure imbecilli! Sono certi uomini che hanno bisogno della morte perché non sanno assuefarsi a' delitti de' tristi, né alla pusillanimità degli uomini buoni».

La sposa parea intenerita. «Oh pur troppo!» esclamò con un sospiro. «Ma chi per altro ha bisogno di pane non ha poi da assottigliarsi tanto su l'onore».

«E questa la è pure una delle vostre bestemmie!» proruppi: «Voi dunque perché siete favoriti dalla fortuna vorreste essere onesti voi soli; anzi perché la virtù su la oscura vostr'anima non risplende, vorreste reprimerla anche ne' petti degl'infelici, che pure non hanno altro conforto, e illudere in questa maniera la vostra coscienza?»

Gli occhi di Teresa mi davano ragione; pur si studiava di far mutare discorso, ma la visiera era alzata; e come poteva io più tacere? Ben ora ne sento rimorso – gli occhi degli sposi erano fitti a terra, e la loro anima fu anch'essa atterrata, quando gridai con fierissima voce: «Coloro che non furono mai sventurati, non sono degni della loro felicità. Orgogliosi! Guardano la miseria per insultarla: pretendono che tutto debba offerirsi in tributo alla ricchezza e al piacere. Ma l'infelice che serba la sua dignità è spettacolo di coraggio a' buoni, e di rimbrotto a' malvagi». E sono uscito cacciandomi le mani ne' capelli. Grazie a' primi casi della mia vita che mi costituirono sventurato! Lorenzo mio, or non sarei forse tuo amico; or non sarei amico di questa fanciulla. Mi sta sempre davanti l'avvenimento di stamattina. Qui dove siedo solo mi guardo intorno e temo di rivedere alcuno de' miei conoscenti. Chi l'avrebbe mai detto? Il cuore di colei non ha palpitato al nome del suo primo amore! Ardì di turbare le ceneri di lui che le ha per la prima volta ispirato l'universale sentimento della vita. Né un solo sospiro? Ma pazzo! Tu t'affliggi perché non trovi fra gli uomini quella virtù che forse, ahi! Forse non è che voto nome – o necessità che si muta con le passioni e le circostanze – o prepotenza di natura in alcuni pochi individui, i quali essendo generosi e pietosi per indole, sono obbligati a guerra perpetua contro l'universalità de' mortali; – e bastasse! ma guai allorché, volere e non volere, denno pure aprir gli occhi alla luce funerea del disinganno!

Io non ho l'anima negra; e tu il[69] sai, mio Lorenzo; nella mia prima gioventù avrei sparso fiori su le teste di tutti i viventi: chi mi ha fatto così rigido e ombroso verso la più parte degli uomini se non la loro ipocrita crudeltà? Perdonerei tutti i torti che mi hanno fatto. Ma quando mi passa dinanzi la venerabile povertà che mentre s'affatica mostra le sue vene succhiate dalla onnipotente opulenza; e quando io vedo tanti uomini infermi, imprigionati, affamati, e tutti supplichevoli sotto il terribile flagello di certe leggi – ah no, io non mi posso rinconciliare. Io grido allora vendetta con quella turba di tapini co' quali divido il pane e le lagrime: e ardisco ridomandare in lor nome la porzione che hanno ereditato dalla Natura, madre benefica ed imparziale – la Natura? ma se ne ha fatti quali pur siamo, non è forse matrigna?

Sì, Teresa, io vivrò teco; ma io non vivrò se non quanto potrò vivere teco. Tu sei uno di que' pochi angioli sparsi qua e là su la faccia della terra per accreditare l'amore dell'umanità. Ma s'io ti perdessi, quale scampo si aprirebbe a questo giovine infastidito di tutto il resto del mondo?

Se dianzi tu l'avessi veduta! Mi stendeva la mano, dicendo-

69. *Lo*. Forma desueta.

mi: «Siate discreto»; e davvero, quelle due persone mi pareano compunte: e se Olivo non fosse stato infelice, avrebbe egli avuto anche oltre la tomba un amico?

«Ahi!» proseguì dopo un lungo silenzio, «per amar la virtù conviene dunque vivere nel dolore?»

Lorenzo! L'anima sua celeste raggiava da' lineamenti del viso.

29 aprile

Vicino a lei io sono sì pieno di vita che appena sento di vivere. Così quand'io mi desto dopo un pacifico sonno, se il raggio di Sole mi riflette su gli occhi, la mia vista si abbaglia e si perde in un torrente di luce.

Da gran tempo mi lagno della inerzia in cui vivo. Al riaprirsi della primavera mi proponeva di studiare botanica; e in due settimane io aveva raccattato su per le balze parecchie dozzine di piante che adesso non so più dove me le abbia riposte. Mi sono assai volte dimenticato il mio *Linneo* sopra i sedili del giardino, o appié di qualche albero; l'ho finalmente perduto. Jeri Michele me ne ha recato due foglj tutti umidi di rugiada; e stamattina mi ha recato notizia che il rimanente era stato mal concio[70] dal cane dell'ortolano.

Teresa mi sgrida: per compiacerle m'accingo a scrivere; ma sebbene incominci con la più bella vocazione che mai, non so andar innanzi per più di tre o quattro periodi. Mi assumo mille argomenti; mi s'affacciano mille idee: scelgo, rigetto, poi torno a scegliere; scrivo finalmente, straccio, cancello, e perdo spesso mattina e sera: la mente si stanca, le dita abbandonano la penna, e mi avvengo d'avere gittato il tempo e la fatica. Se non che t'-ho detto che lo scrivere libri la è cosa da più e da meno delle mie

70. Conciato.

forze: aggiungi lo stato dell'animo mio, e t'accorgerai che s'io ti scrivo ogni tanto una lettera, non è poco. Oh la scimunita figura ch'io fo quand'ella siede lavorando, ed io leggo! M'interrompo a ogni tratto, ed ella:

«Proseguite!»

Torno a leggere: dopo due carte la mia pronunzia diventa più rapida e termina borbottando in cadenza. Teresa s'affanna: «Deh leggete un po' ch'io v'intenda!»

Io continuo; ma gli occhi miei, non so come, si sviano disavvedutamente dal libro, e si trovano immobili su quell'angelico viso. Divento muto; cade il libro e si chiude; perdo il segno, né so più ritrovarlo – Teresa vorrebbe adirarsi; e sorride.

Pur se afferrassi tutti i pensieri che mi passano per fantasia! – Ne vo notando su' cartoni e su' margini del mio Plutarco; se non che, non sì tosto scritti, m'escono dalla mente; e quando poi li cerco sovra la carta, ritrovo aborti d'idee scarne sconnesse, freddissime. Questo ripiego di notare i pensieri, anzi che lasciarli maturare dentro l'ingegno, è pur misero! – Ma così si fanno de' libri composti d'altrui libri a mosaico. – E a me pure, fuor d'intenzione, è venuto fatto un mosaico. – In un libretto inglese ho trovato un racconto di sciagura; e mi pareva a ogni frase di leggere le disgrazie della povera Lauretta: – il Sole illumina da per tutto ed ogni anno i medesimi guai su la terra! – Or io per non parere di scioperare mi sono provato di scrivere i casi di Lauretta, traducendo per l'appunto quella parte del libro inglese, e togliendovi, mutando, aggiungendo assai poco di mio, avrei raccontato il vero, mentre forse il mio testo è romanzo. Io voleva in quella sfortunata creatura mostrare a Teresa uno specchio della *fatale* infelicità dell'amore. Ma credi tu che le sentenze, e i consigli, e gli esempj de' danni altrui giovino ad altro fuorché a irritare le nostre passioni? Inoltre, in cambio di narrare di Lauretta, ho parlato di me: tale è lo stato dell'anima mia, torna sempre a tastare le proprie piaghe – però non mi pare di lasciar leggere questi tre o quattro fogli a Teresa: le farei più male che bene – e per ora lascio anche stare di scrivere. – Tu leggili. Addio.

Frammento della Storia di Lauretta

“Non so se il cielo badi alla terra. Pur se ci ha qualche volta badato (o almeno il primo giorno che la umana *razza* ha incominciato a formicolare) io credo che il Destino abbia scritto negli eterni libri:

L'uomo sarà infelice.

Né oso appellarmi di questa sentenza, perché non saprei forse a che tribunale, tanto più che mi giova crederla utile alle tante altre *razze* viventi ne' mondi innumerabili. Ringrazio nondimeno quella Mente che mescendosi all'universo degli enti, li fa sempre rivivere distruggendoli; perché con le miserie, ci ha dato almeno il dono del pianto, ed ha punito coloro che con una insolente filosofia si vogliono ribellare dalla umana sorte, negando loro gl'inesausti piaceri della compassione. *Se vedi alcuno addolorato e piangente non piangere*[71]. Stoico! Or non sai tu che le lagrime di un uomo compassionevole sono per l'infelice più dolci della rugiada su l'erbe appassite?

O Lauretta! Io piansi con te sulla bara del tuo povero amante, e mi ricordo che la mia compassione disacerbava l'amarezza del tuo dolore. T'abbandonavi sovra il mio seno, e i tuoi biondi capelli mi coprivano il volto, e il tuo pianto bagnava le mie guance; poi col tuo fazzoletto mi rasciugavi, e rasciugavi le tue lagrime che tornavano a sgorgarti dagli occhi e scorrerti sulle labbra. – Abbandonata da tutti! – Ma io no; non ti ho abbandonata mai.

71. Probabile citazione tratta dal *Manuale* di Epitteto.

Quando tu erravi fuor di te stessa per le romite spiagge del mare, io seguiva furtivamente i tuoi passi per poterti salvare dalla disperazione del tuo dolore. Poi ti chiamava a nome, e tu mi stendevi la mano, e sedevi al mio fianco. Saliva in cielo la Luna, e tu guardandola cantavi pietosamente – taluno avrebbe osato deriderti: ma il Consolatore de' disgraziati che guarda con un occhio stesso e la pazzia e la saviezza degli uomini, e che compiange e i loro delitti e le loro virtù – udiva forse le tue meste voci, e ti spirava qualche conforto: le preci del mio cuore t'accompagnavano: e a Dio sono accetti i voti e i sacrificj delle anime addolorate. – I flutti gemeano[72] con flebile fiotto, e i venti che gl'increspavano gli spingeano a lambir quasi la riva dove noi stavamo seduti. E tu alzandoti appoggiata al mio braccio t'indirizzavi a quel sasso ove parevati di vedere ancora il tuo Eugenio, e sentir la sua voce, e la sua mano, e i suoi baci. «Or che mi resta?» esclamavi; la guerra mi allontana i fratelli, e la morte mi ha rapito il padre e l'amante; abbandonata da tutti!

O Bellezza, genio benefico della natura! Ove mostri l'amabile tuo sorriso scherza la gioja, e si diffonde la voluttà per eternare la vita dell'universo: chi non ti conosce e non ti sente incresca al mondo e a se stesso. Ma quando la virtù ti rende più cara, e le sventure, togliendoti la baldanza e la invidia della felicità, ti mostrano ai mortali co' crini sparsi e privi delle allegre ghirlande – chi è colui che può passarti davanti e non altro offerirti che un'inutile occhiata di compassione?

Ma io t'offeriva, o Lauretta, le mie lagrime, e questo mio romitorio dove *tu avresti mangiato del mio pane, e bevuto nella mia tazza, e ti saresti addormentata sovra il mio petto*[73]. Tutto quello ch'io aveva! E meco[74] forse la tua vita sebbene non lieta, sarebbe stata libera almeno e pacifica. Il cuore nella solitudine e nella pace va a poco a poco obbliando i suoi affanni; per-

72. *Gemmano*. Forma desueta.
73. Regum, Lib. II, cap. XII.
74. E con me.

ché la pace e la libertà si compiacciono della semplice e solitaria natura.

Una sera d'autunno la Luna appena si mostrava alla terra rifrangendo i suoi raggi su le nuvole trasparenti, che accompagnandola l'andavano ad ora ad ora coprendo, e che sparse per l'ampiezza del cielo rapivano al mondo le stelle. Noi stavamo intenti a' lontani fuochi dei pescatori, e al canto del gondoliere che col suo remo rompea il silenzio e la calma dell'oscura laguna. Ma Lauretta volgendosi cercò con gli occhi intorno il suo innamorato; e si rizzò, e ramingò un pezzo chiamandolo; poi stanca tornò dov'io sedeva, e s'assise quasi spaventata della sua solitudine. Guardandomi parea che volesse dirmi: «Io sarò abbandonata anche da te!» – e chiamò il suo cagnuolino.

Io? – Chi l'avrebbe mai detto che quella dovesse essere l'ultima sera ch'io la vedeva! Era vestita di bianco; un nastro cilestro raccogliea le sue chiome, e tre mammole appassite spuntavano in mezzo al lino che velava il suo seno. Io l'ho accompagnata fino all'uscio della sua casa; e sua madre che venne ad aprirci mi ringraziava della cura ch'io mi prendeva per la sua disgraziata figliuola. Quando fui solo m'accorsi che m'era rimasto fra le mani il suo fazzoletto: – gliel ridarò domani, diss'io.

I suoi mali incominciavano già a mitigarsi, ed io forse - è vero; io non poteva darti il tuo Eugenio; ma ti sarei stato sposo, padre, fratello. I miei concittadini persecutori, giovandosi de' manigoldi stranieri, proscrissero improvvisamente il mio nome; né ho potuto, o Lauretta, lasciarti neppure l'ultimo addio.

Quand'io penso al''avvenire e mi chiudo gli occhi per non conoscerlo e tremo e mi abbandono con la memoria a' giorni passati, io vo per lungo tratto vagando sotto gli alberi di queste valli, e mi ricordo le sponde del mare, e i fuochi lontani, e il canto del gondoliere. M'appoggio ad un tronco – sto pensando – *il cielo me l'avea conceduta; ma l'avversa fortuna me l'ha rapita!* – Traggo il suo fazzoletto – *infelice chi ama per ambizione! Ma il tuo cuore, o Lauretta, è fatto per la schietta natura*: m'asciugo gli occhi, e torno sul far della notte alla mia casa.

Che fai tu frattanto? Torni errando lungo le spiagge e mandando preghiere e lagrime a Dio? – Vieni! tu corrai le frutta del mio giardino; *tu berrai nella mia tazza, tu mangerai del mio pane, e ti poserai sovra il mio seno* e sentirai come batte, come oggi batte assai diversamente il mio cuore. Quando si risveglierà il tuo martirio, e lo spirito sarà vinto dalla passione, io ti verrò dietro per sostenerti in mezzo al cammino, e per guidarti, se ti smarrissi, alla mia casa; mai ti verrò dietro tacitamente per lasciarti libero almeno il conforto del pianto. Io ti sarò padre, fratello – ma, il mio cuore – se tu vedessi il mio cuore! – Una lagrima bagna la carta e cancella ciò che vado scrivendo.

Io la ho veduta tutta fiorita di gioventù e di bellezza; e poi impazzita, raminga, orfana; e la ho veduta baciare le labbra morenti del suo unico consolatore – e poscia inginocchiarsi con pietosa superstizione davanti a sua madre lagrimando e pregandola acciocché ritirasse la maledizione che quella madre infelice aveva fulminata contro la sua figliuola. Così la povera Lauretta mi lasciò nel cuore per sempre la compassione delle sue sventure. Preziosa eredità ch'io vorrei pur dividere con voi tutti a' quali non resta altro conforto che di amare la virtù e di compiangerla. Voi non mi conoscete; ma noi, chiunque voi siate, noi siamo amici. Non odiate gli uomini prosperi; solamente fuggiteli".

4 maggio

Hai tu veduto dopo i giorni della tempesta prorompere fra l'auree nuvole dell'oriente il vivo raggio del Sole e riconsolar la natura? Tale per me è la vista di costei. Discaccio i miei desiderj, condanno le mie speranze, piango i miei inganni: no, io non la vedrò più; io non l'amerò. Odo una voce che mi chiama traditore; la voce di suo padre! M'adiro contro me stesso, e sento risorgere nel mio cuore una virtù sanatrice, un pentimento.

Eccomi dunque saldo nella mia risoluzione; saldo più che mai: ma poi? All'apparir del suo volto ritornano le illusioni, e l'anima mia si trasforma, e obblia se medesima, e s'imparadisa nella contemplazione della bellezza.

8 maggio

Ella non t'ama; e se pure volesse amarti, nol può. È vero, Lorenzo: ma s'io consentissi a strapparmi il velo dagli occhi, dovrei subito chiuderli in sonno eterno; poiché senza questo angelico lume, la vita mi sarebbe terrore, il mondo caos, la Natura notte e deserto. Anziché spegnere una per una le fiaccole che rischiarano la prospettiva teatrale e disingannare villanamente gli spettatori, non sarebbe assai meglio calar il sipario in un subito, e lasciarli nella loro illusione? *Ma se l'inganno ti nuoce*: Che monta? Se il disinganno mi uccide!

Una domenica intesi il parroco che sgridava i villani perché s'ubbriacavano. E non s'accorgeva come avvelenava a que' meschini il conforto di addormentare nell'ebbrietà della sera le fatiche del giorno, di non sentire l'amarezza del loro pane bagnato di sudore e di lagrime, e di non pensare al rigore e alla fame che il venturo verno minaccia.

11 maggio

Conviene dire che Natura abbia pur d'uopo di questo globo, e della specie di viventi litigiosi che lo stanno abitando. E per provvedere alla conservazione di tutti, anziché legarci in reciproca fratellanza, ha costituito ciascun uomo così amico di se medesimo, che volentieri aspirerebbe all'esterminio dell'universo per vivere più sicuro della propria esistenza e rimanersi despota solitario di tutto il creato. Niuna generazione ha mai veduto per tutto il suo corso la dolce pace, la guerra fu sempre l'arbitra de' diritti, e la forza ha dominato tutti i secoli. Così l'uomo or aperto, or secreto, e sempre implacabile nemico della umanità, conservandosi con ogni mezzo, cospira all'intento della Natura che ha d'uopo della esistenza di tutti: e i discendenti di Caino e d'Abele, quantunque imitino i loro primitivi parenti e si trucidino perpetuamente l'un l'altro, vivono e si propagano. Or odi. – Ho accompagnato stamattina per tempo Teresa e la sua sorellina in casa di una lor conoscente venuta a villeggiare. Credeva di desinare in lor compagnia, ma per mia disgrazia aveva fin dalla settimana passata promesso al chirurgo che mi troverei a pranzo con lui, e se Teresa non me ne facea sovvenire, io, a dirti la verità, me n'era dimenticato. Mi vi sono dunque avviato un'oretta innanzi al mezzogiorno; ma affannato dal caldo, mi sono a mezza strada coricato sotto un ulivo: al vento di jeri fuor di stagione, oggi è succeduta un'arsura nojosissima: e me ne stava lì al fresco spensieratamente come se avessi già desinato. Voltando la testa mi sono avveduto di un contadino che guardavami bruscamente: «Che fate voi qui?»

«Sto, come vedete, riposando».

«Avete voi possessioni?» percotendo la terra col calcio del suo schioppo.

«Perché?»

«Perché sdrajatevi su i vostri prati, se ne avete; e non venite a pestare l'erba degli altri, e partendo, fate ch'io tornando non vi trovi!»

Io non mi era mosso, ed egli se n'era ito. A bella prima, io non aveva badato alle sue bravate; ma ripensandoci; *se ne avete!* E se la fortuna non avesse conceduto a' miei padri due pertiche di terreno, tu m'avresti negato anche nella parte più sterile del tuo prato l'estrema pietà del sepolcro! Ma osservando che l'ombra dell'ulivo diventava più lunga, mi sono ricordato del pranzo.

Poco fa tornandomi a casa ho trovato su la mia porta l'uomo

stesso di stamattina. «Signore, vi stava aspettando; se mai vi foste adirato meco; vi domando perdono».

«Riponete il cappello: io non me ne sono già[75] offeso».

Perché mai questo mio cuore nelle stesse occasioni ora è pace pace, ora è tutto tempesta? Diceva quel viaggiatore: *Il flusso e riflusso de' miei umori governa tutta la mia vita*. Forse un minuto prima il mio sdegno sarebbe stato assai più grave dell'insulto. Perché dunque rimetterci al beneplacito di chi ne offende, permettendo ch'egli ci possa turbare con una ingiuria non meritata? Vedi come l'amor proprio ruffiano si prova con questa pomposa sentenza di ascrivermi a merito un'azione che è derivata forse da chi lo sa? In pari occasioni non ho usato di eguale moderazione: è vero che passata mezz'ora ho filosofato contro di me; ma la ragione è venuta zoppicando; e il pentimento, per chi aspira alla saviezza, è sempre tardo – ma né io v'aspiro: io mi sono uno de' tanti figliuoli della terra, non altro; e porto meco tutte le passioni e le miserie della mia specie.

Il contadino andava ridicendo: «Vi ho fatto villania, ma io non vi conosceva; que' lavoratori che segavano il fieno ne' prati vicino mi hanno dopo ammonito».

«Non importa, buon uomo: come andrà egli il raccolto quest'anno?»

«Patiremo del caro: or pregovi, signor mio, perdonatemi. Dio volesse v'avessi allor conosciuto!»

«Galantuomo; o conoscendo, o non conoscendo non date noja a nessuno, perché starete a rischio a ogni modo o di inimicarvi il ricco, o di maltrattare il povero: quanto a me non occorre».

«Dice bene il signore; Dio gliene rimeriti». E si partì. E farà forse peggio; gli ha un certo che di sfacciato nel viso; e la ragione degli animali ragionevoli, quando non sentono verecondia, è ragione perniciosissima a chiunque ha che fare con loro.

Intanto? Crescono ogni giorno i martiri perseguitati dal nuo-

75. Affatto.

vo usurpatore della mia patria. Quanti andranno tapinando e profughi ed esiliati, senza il letto di poca erba né l'ombra di un ulivo – Dio lo sa! Lo straniero infelice è cacciato perfino dalla balza dove le pecore pascono tranquillamente.

12 maggio

Non ho osato no, non ho osato. Io poteva abbracciarla e stringerla qui, a questo cuore. La ho veduta addormentata: il sonno le tenea chiusi que' grandi occhi neri; ma le rose del suo sembiante si spargeano allora più vive che mai su le sue guance rugiadose. Giacea il suo bel corpo abbandonato sopra un sofà. Un braccio le sosteneva la testa e l'altro pendea mollemente. Io la ho più volte veduta a passeggiare e a danzare; mi sono sentito sin dentro l'anima e la sua arpa e la sua voce; la ho adorata pien di spavento come se l'avessi veduta discendere dal paradiso – ma così bella come oggi, io non l'ho veduta mai, mai. Le sue vesti mi lasciavano trasparire i contorni di quelle angeliche forme; e l'anima mia le contemplava e – che posso più dirti? Tutto il furore e l'estasi dell'amore mi aveano infiammato e rapito fuori di me. Io toccava come un divoto e le sue vesti e le sue chiome odorose e il mazzetto di mammole ch'essa aveva in mezzo al suo seno - sì sì, sotto questa mano diventata sacra ho sentito palpitare il suo cuore. Io respirava gli aneliti della sua bocca socchiusa – io stava per succhiare tutta la voluttà di quelle labbra celesti – un suo bacio! E avrei benedette le lagrime che da tanto tempo bevo per lei – ma allora allora io la ho sentita sospirare fra il sonno: mi sono arretrato, respinto quasi da una mano divina. T'ho insegnato io forse ad amare, ed a piangere? e cerchi tu un breve momento di sonno perché ti ho turbato le tue notti innocenti e tranquille? A questo pensiero me le[76] sono prostrato

76. Mi ci.

davanti immobile immobile rattenendo il sospiro – e sono fuggito per non ridestarla alla vita angosciosa in cui geme. Non si querela, e questo mi strazia ancor più: ma quel suo viso sempre più mesto, e quel guardarmi con pietà, e tacere sempre al nome di Odoardo, e sospirare sua madre – Ah! Il cielo non ce l'avrebbe conceduta se non dovesse anch'essa partecipare del sentimento del dolore. Eterno Iddio! Esisti tu per noi mortali? O sei tu padre snaturato verso le tue creature? So che quando hai mandato su la terra la Virtù, tua figliuola primogenita, le hai dato per guida la Sventura. Ma perché poi lasciasti la Giovinezza e la Beltà così deboli da non poter sostenere le discipline di sì austera istitutrice? In tutte le mie afflizioni ho alzato le braccia sino a te, ma non ho osato né mormorare né piangere: ahi adesso! Or perché farmi conoscere la felicità s'io doveva bramarla sì fieramente, e perderne la speranza per sempre? No, Teresa è mia tutta; tu me l'hai assegnata perché mi creasti un cuore capace di amarla immensamente, eternamente.

13 maggio

S'io fossi pittore! Che ricca materia al mio pennello! L'artista immerso nella idea deliziosa del bello addormenta o mitiga almeno tutte le altre passioni. – Ma se anche fossi pittore? Ho veduto ne' pittori e ne' poeti la bella, e talvolta anche la schietta natura; ma la natura somma, immensa, inimitabile non la ho veduta dipinta mai. Omero, Dante e Shakespeare, tre maestri di tutti gl'ingegni sovrumani, hanno investito la mia immaginazione ed infiammato il mio cuore: ho bagnato di caldissime lagrime i loro versi; e ho adorato le loro ombre divine come se le vedessi assise su le volte eccelse che sovrastano l'universo a dominare l'eternità. Pure gli originali che mi veggo davanti mi riempiono tutte le potenze dell'anima, e non oserei, Lorenzo, non oserei, s'anche si trasfondesse in me Michelangelo, tirarne le prime linee. Sommo Iddio! quando tu miri una sera di primavera ti compiaci forse della tua creazione? Tu mi hai versato per consolarmi una fonte inesausta di piacere, ed io la ho guardata sovente con indifferenza. Su la cima del monte indorato da' pacifici raggi del Sole che va mancando, io mi vedo accerchiato da una catena di colli su' quali ondeggiano le messi, e si scuotono le viti sostenute in ricchi festoni dagli ulivi e dagli olmi: le balze e i gioghi lontani vanno sempre crescendo come se gli uni fossero imposti su gli altri. Di sotto a me le coste del monte sono spaccate in burroni infecondi fra i quali si vedono offuscarsi le ombre della sera, che a poco a poco s'innalzano; il fondo oscuro e orribile sembra la bocca di una voragine. Nella falda del mezzogiorno l'aria è signoreggiata dal bosco che sovrasta e offusca la valle dove pascono al fresco le pecore, e pendono dall'erta le capre sbrancate. Cantano flebilmente gli uccelli come se piangessero il giorno che muore, mugghiano le giovenche, e il vento pare che si compiaccia del sussurrar delle fronde. Ma da settentrione si dividono i colli, e s'apre all'occhio una interminabile pianura: si distinguono ne' campi vicini i buoi che tornano a casa: lo stanco agricoltore li siegue appoggiato al suo bastone; e mentre le madri e le mogli apparecchiano la cena alla affaticata famigliuola, fumano le lontane ville ancor biancicanti, e le capanne disperse per la campagna. I pastori mungono il gregge, e la vecchiarella che stava filando su la porta dell'ovile, abbandona il lavoro e va carezzando e fregando il torello, e gli agnelletti che belano intorno alle loro madri. La vista intanto si va dilungando, e dopo lunghissime file di alberi e di campi, termina nell'orizzonte dove tutto si minora e si confonde. Lancia il Sole partendo pochi raggi, come se quelli fossero gli estremi addio che dà alla Natura; e le nuvole rosseggiano, poi vanno languendo, e pallide finalmente si abbujano: allora la pianura si perde, l'ombre si diffondono su la faccia della terra; ed io, quasi in mezzo all'oceano, da quella parte non trovo che il cielo.

Jer sera appunto dopo più di due ore d'estatica contemplazione d'una bella sera di maggio, io scendeva a passo a passo dal monte. Il mondo era in cura alla Notte, ed io non sentiva che il canto della villanella, e non vedeva che i fuochi de' pastori. Scintillavano tutte le stelle, e mentr'io salutava ad una ad una le costellazioni, la mia mente contraeva un non so che di celeste, ed il mio cuore s'innalzava come se aspirasse ad una regione più sublime assai della terra.

Mi sono trovato su la montagnuola presso la chiesa: suonava la campana de' morti, e il presentimento della mia fine trasse i miei sguardi sul cimiterio dove ne' loro cumuli coperti di erba dormono gli antichi padri della villa: «Abbiate pace, o nude reliquie: la materia è tornata alla materia; nulla scema, nulla cresce, nulla si perde quaggiù; tutto si trasforma e si riproduce – umana sorte! Men felice degli altri chi men la teme». Spossato mi sdrajai boccone sotto il boschetto de' pini, e in quella muta oscurità, mi sfilavano dinanzi alla mente tutte le mie sventure e tutte le mie speranze. Da qualunque parte io corressi anelando alla felicità, dopo un aspro viaggio pieno di errori e di tormenti, mi vedeva spalancata la sepoltura dove io m'andava a perdere con tutti i mali e tutti i beni di questa inutile vita. E mi sentiva avvilito e piangeva perché avea bisogno di consolazione, e ne' miei singhiozzi io invocava Teresa.

14 maggio

Anche jer sera tornandomi dalla montagna, mi posai stanco sotto que' pini; anche jer sera io invocava Teresa. Udii un calpestio fra gli alberi; e mi parea d'intendere bisbigliare alcune voci. Mi sembrò poi di vedere Teresa con sua sorella – sbigottitesi a prima vista fuggivano. Io le chiamai per nome, e la Isabellina raffigurandomi, mi si gittò addosso con mille baci. Mi rizzai. Teresa s'appoggiò al mio braccio, e noi passeggiammo taciturni lungo la riva del fiumicello sino al lago de' cinque fonti. E là ci siamo quasi di consenso fermati a mirar l'astro di Venere che ci lampeggiava su gli occhi.

«Oh!» diss'ella, con quel dolce entusiasmo tutto suo, «credi tu che il Petrarca non abbia anch'egli visitato sovente queste solitudini sospirando fra le ombre pacifiche della notte la sua perduta amica? Quando leggo i suoi versi io me lo dipingo qui – malinconico, errante – appoggiato al tronco di un albero, pascersi de' suoi mesti pensieri, e volgersi al cielo cercando con gli occhi lagrimosi la beltà immortale di Laura. Io non so come quell'anima, che avea in sé tanta parte di spirito celeste, abbia potuto sopravvivere in tanto dolore, e fermarsi fra le miserie de' mortali – oh quando s'ama davvero!» E mi parve ch'essa mi stringesse la mano, e io mi sentiva il cuore che non voleva starmi più in petto. Sì! Tu eri creata per me, nata per me, ed io non so come ho potuto soffocare queste parole che mi scoppiavano dalle labbra. E saliva su per la collina ed io la seguitava. Le mie potenze erano tutte di Teresa; ma la tempesta che le aveva agitate era alquanto sedata. «Tutto è amore», diss'io; «l'universo non è che amore; e chi lo ha mai più sentito, chi più del Petrarca lo ha fatto dolcissimamente sentire? Que' pochi genj che si sono innalzati sopra tanti altri mortali mi spaventano di meraviglia; ma il Petrarca mi riempie di fiducia religiosa e d'amore; e mentre il mio intelletto gli sacrifica come a nume, il mio cuore lo invoca padre e amico consolatore». Teresa sospirò insieme e sorrise.

La salita l'aveva stancata: «Riposiamo», diss'ella. L'erba era umida, ed io le additai un gelso poco lontano. Il più bel gelso che mai. È alto, solitario, frondoso: fra' suoi rami v'ha un nido di cardellini: «Ah vorrei poter innalzare sotto l'ombre di quel gelso un altare!» La ragazzina intanto ci aveva lasciati, saltando su e giù, cogliendo fioretti e gettandoli dietro le lucciole che veniano aleggiando. Teresa sedea sotto il gelso ed io seduto vicino a lei con la testa appoggiata al tronco, le recitava le odi di Saffo – sorgeva la Luna – oh! Perché mentre scrivo il mio cuore batte sì[77] forte? Beata sera!

14 maggio, ore 11

Sì, Lorenzo! Dianzi io meditai di tacertelo. Or odilo, la mia bocca è tuttavia rugiadosa – d'un suo bacio – e le mie guance sono state innondate[78] dalle lagrime di Teresa. Mi ama – lasciami, Lorenzo, lasciami in tutta l'estasi di questo giorno di paradiso.

14 maggio, a sera

Oh quante volte ho ripigliato la penna, e non ho potuto continuare: mi sento un po' calmato e torno a scriverti. – Teresa giacea sotto il gelso – ma e che posso dirti che non sia tutto racchiuso in queste parole? *Vi amo*. A queste parole tutto ciò ch'io vedeva mi sembrava un riso dell'universo: io mirava con occhi di riconoscenza il cielo, e mi parea ch'egli si spalancasse per accoglierci! Deh! A che non venne la morte? E l'ho invocata. Sì; ho baciato Teresa; i fiori e le piante esalavano in quel momento un odore soave; le aure erano tutte armonia; i rivi risuonavano da lontano; e tutte le cose s'abbellivano allo splendore della Luna che era tutta piena della luce infinita della Divinità. Gli elementi e gli esseri esultavano nella gioja di due cuori ebbri di amore – ho baciata e ribaciata quella mano – e Teresa mi abbracciava tutta tremante, e trasfondea i suoi sospiri nella mia bocca, e il suo cuore palpitava su questo petto: mirandomi co' suoi grandi occhi languenti, mi baciava, e le sue labbra umide, socchiuse mormoravano su le mie – ahi! che ad un tratto mi si è staccata dal seno quasi atterrita: chiamò sua sorella e s'alzò cor-

77. *Così*. Forma contratta.
78. Forma desueta.

rendole incontro. Io me le sono prostrato, e tendeva le braccia come per afferrar le sue vesti – ma non ho ardito di rattenerla, né richiamarla. La sua virtù – e non tanto la sua virtù, quanto la sua passione –, mi sgomentava: sentiva e sento rimorso di averla io primo eccitata nel suo cuore innocente. Ed è rimorso - rimorso di tradimento! Ahi, mio cuore codardo! Me le sono accostato tremando. «Non posso essere vostra mai!» e pronunciò queste parole dal cuore profondo e con una occhiata con cui parea rimproverarsi e compiangermi. Accompagnandola lungo la via, non mi guardò più; né io avea più cuore di dirle parola. Giunta alla ferriata del giardino mi prese di mano la Isabellina e lasciandomi: «Addio», diss'ella; e rivolgendosi dopo pochi passi, «addio».

Io rimasi estatico: avrei baciate l'orme de' suoi piedi: pendeva un suo braccio, e i suoi capelli rilucenti al raggio della Luna svolazzavano mollemente: ma poi, appena appena il lungo viale e la fosca ombra degli alberi mi concedevano di travedere le ondeggianti sue vesti che da lontano ancor biancheggiavano; e poiché l'ebbi perduta, tendeva l'orecchio sperando di udir la sua voce. E partendo, mi volsi con le braccia aperte, quasi per consolarmi, all'astro di Venere: era anch'esso sparito.

15 maggio

Dopo quel bacio io son fatto divino. Le mie idee sono più alte e ridenti, il mio aspetto più gajo, il mio cuore più compassionevole. Mi pare che tutto s'abbellisca a' miei sguardi; il lamentar degli augelli, e il bisbiglio de' zefiri fra le frondi son oggi più soavi che mai; le piante si fecondano, e i fiori si colorano sotto a' miei piedi; non fuggo più gli uomini, e tutta la Natura mi sembra mia. Il mio ingegno è tutto bellezza e armonia. Se dovessi scolpire o dipingere la Beltà, io sdegnando ogni modello terreno la troverei nella mia immaginazione. O Amore! le arti belle sono tue figlie; tu primo hai guidato su la terra la sacra poesia, solo alimento degli animali generosi che tramandano dalla solitudine i loro canti sovrumani sino alle più tarde generazioni, spronandole con le voci e co' pensieri spirati dal cielo ad altissime imprese: tu raccendi ne' nostri petti la sola virtù utile a' mortali, la Pietà, per cui sorride talvolta il labbro dell'infelice condannato ai sospiri: e per te rivive sempre il piacere fecondatore degli esseri, senza del quale tutto sarebbe caos e morte. Se tu fuggissi, la Terra diverrebbe ingrata; gli animali, nemici fra loro; il Sole, foco malefico; e il Mondo, pianto, terrore e distruzione universale. Adesso che l'anima mia risplende di un tuo raggio, io dimentico le mie sventure; io rido delle minacce della fortuna, e rinunzio alle lusinghe dell'avvenire. - O Lorenzo! sto spesso sdrajato su la riva del lago de' cinque fonti: mi sento vezzeggiare la faccia e le chiome dai venticelli che alitando sommovono l'erba, e allegrano i fiori, e increspano le limpide acque del lago. Lo credi tu? io delirando deliziosamente mi veggo dinanzi le Ninfe ignude, saltanti, inghirlandate di rose, e invoco in lor compagnia le Muse e l'Amore; e fuor dei rivi che cascano sonanti e spumosi, vedo uscir sino al petto con le chiome stillanti sparse su le spalle rugiadose, e con gli occhi ridenti le Najadi, amabili custodi delle fontane. *Illusioni!* grida il filosofo. Or non è tutto illusione? Tutto! Beati gli antichi che si credeano degni de' baci delle immortali dive del cielo; che sacrificavano alla Bellezza e alle Grazie; che diffondeano lo splendore della divinità su le imperfezioni dell'uomo, e che trovavano il BELLO ed il VERO accarezzando gli idoli della lor fantasia! *Illusioni!* Ma intanto senza di esse io non sentirei la vita che nel dolore, o (che mi spaventa ancor più) nella rigida e nojosa indolenza: e se questo cuore non vorrà più sentire, io me lo strapperò dal petto con le mie mani, e lo caccerò come un servo infedele.

21 maggio

Ohimè che notti lunghe, angosciose! Il timore di non rivederla mi desta: divorato da un presentimento profondo, ardente, smanioso, sbalzo dal letto al balcone e non concedo riposo alle mie membra nude aggrezzate, se prima non discerno sull'oriente un raggio di giorno. Corro palpitando al suo fianco e stupido! Soffoco le parole, e i sospiri: non concepisco, non odo: il tempo vola, e la notte mi strappa da quel soggiorno di paradiso. Ahi lampo! Tu rompi le tenebre, splendi, passi ed accresci il terrore e l'oscurità.

25 maggio

Ti ringrazio, eterno Iddio, ti ringrazio! Tu hai dunque ritirato il tuo sospiro, e Lauretta ha lasciato alla terra le sue infelicità: tu ascolti i gemiti che partono dalle viscere dell'anima, e mandi la Morte per isciogliere[79] dalle catene della vita le tue creature perseguitate ed afflitte. Mia cara amica! Il tuo sepolcro beva almeno queste lagrime, sole esequie ch'io posso offerirti: le zolle che ti nascondono sieno coperte di fresca erba, e dalle benedizioni di tua madre e dalla mia. Tu vivendo speravi da me qualche conforto; eppure! Non ho potuto nemmeno prestarti gli ultimi ufficj; ma ci rivedremo: sì.

Quand'io, caro Lorenzo, mi ricordava di quella povera innocente, certi presentimenti mi gridavano dentro l'anima: *È morta*. Pure se tu non me ne avessi scritto, io certo non lo avrei saputo mai; perché, e chi si cura della virtù quand'è ravvolta nella povertà? Spesso mi sono accinto a scriverle. M'è caduta la penna, e ho bagnato la carta di lagrime: temeva non mi raccontasse de' nuovi martirj, e mi destasse nel cuore una corda la cui

79. "*i*" prostetica. *Sciogliere*.

vibrazione non sarebbe cessata sì tosto. Pur troppo! noi sfuggiamo d'intendere i mali de' nostri amici; le loro miserie ci sono gravi, e il nostro orgoglio sdegna di porgere il conforto delle parole, sì caro agli infelici, quando non si può unire un soccorso vero e reale. Ma fors'ella e sua madre mi annoveravano fra la turba di coloro che ubbriacati dalla prosperità abbandonano gli sventurati. Lo sa il cielo! Frattanto Dio ha conosciuto che non poteva reggere più: *Ei tempera i venti in favore dell'agnello recentemente tosato*; e - tosato al vivo! E ti dee pur ricordare com'essa un giorno tornò a casa sua, portando chiuso nel suo canestrino da lavoro un cranio di morto; e ci scoverse il coperchio, e rideva; e mostrava il cranio in mezzo a un nembo di rose. *E le sono tante e tante*, diceva a noi, *queste rose; e le ho rimondate di tutte le spine: e domani le si appassiranno: ma io ne comprerò ben dell'altre perché ogni giorno, ogni mese crescono rose, e la morte se le piglia tutte quante.* «*Ma che vuoi tu farne, o Lauretta*»; io le dissi. «*Vo' coronare questo cranio di rose, e ogni giorno di rose fresche*»; e rispondendo rideva pur sempre con soave amabilità. E in quelle parole e in quel riso e in quell'aria di volto demente e in quegli occhi fitti sul cranio e in quelle sue dita pallide e tremanti che andavano intrecciando le rose; tu ti se' pur avveduto come alle volte il desiderio di morire è necessario insieme e dolcissimo; ed eloquente fin anche sul labbro d'una fanciulla impazzata.

Tornerò, Lorenzo: conviene ch'io esca; il mio cuore si gonfia e geme come se non volesse starmi più in petto: su la cima di un monte mi sembra d'essere alquanto più libero; ma qui nella mia stanza – sto quasi sotterrato in un sepolcro.

Sono salito su la più alta montagna: i venti imperversavano; io vedeva le querce ondeggiar sotto a' miei piedi; la selva fremeva come mar burrascoso, e la valle ne rimbombava; su le rupi dell'erta sedeano le nuvole – nella terribile maestà della Natura la mia anima attonita e sbalordita ha dimenticato i suoi mali, ed è tornata alcun poco in pace con se medesima.

Vorrei dirti di grandi cose: mi passano per la mente; vi sto pensando! M'ingombrano il cuore, s'affollano, si confondono: non so più da quale io mi debba incominciare; poi tutto a un tratto mi sfuggono, e prorompo in un pianto dirotto. Vado correndo come un pazzo senza saper dove, e perché: non m'accorgo, e i miei piedi mi trascinano fra precipizj. Io domino le valli e le campagne soggette; magnifica ed inesausta creazione! I miei sguardi e i miei pensieri si perdono nel lontano orizzonte. Vo salendo, e sto lì – ritto, anelante – guardo ingiù; ahi voragine! Alzo gli occhi inorridito e scendo precipitoso appiè del colle dove la valle è più fosca. Un boschetto di giovani querce mi protegge dai venti e dal sole; due rivi d'acqua mormorano qua e là sommessamente: i rami bisbigliano, e un rosignuolo – ho sgridato un pastore che era venuto per rapire dal nido i suoi pargoletti: il pianto, la desolazione, la morte di quei deboli innocenti dovevano essere venduti per una moneta di rame; così va! Or bench'io l'abbia compensato del guadagno che sperava di trarne e mi abbia promesso di non disturbare più i rosignuoli, tu credi ch'ei non tornerà a desolarli? E là io mi riposo. Dove se' ito[80], o buon tempo di prima! La mia ragione è malata e non può fidarsi che nel sopore, e guai se sentisse tutta la sua infermità! Quasi quasi – povera Lauretta! Tu forse mi chiami - e forse fra non molto io verrò. Tutto, tutto quello ch'esiste per gli uomini non è che la lor fantasia. Dianzi fra le rupi la morte mi era spavento; e all'ombra di quel boschetto io avrei chiusi gli occhi volentieri in sonno eterno. Ci fabbrichiamo la realtà a nostro modo; i nostri desideri si vanno moltiplicando con le nostre idee; sudiamo per quello che vestito diversamente ci annoja; e le nostre passioni non sono alla stretta del conto che gli effetti delle nostre illusioni. Quanto mi sta d'intorno richiama al mio cuore quel dolce sogno della mia fanciullezza. Oh! Come io scorreva teco queste campagne aggrappandomi or a questo or a quell'ar-

80. *Andato.* Latinismo.

buscello di frutta, immemore del passato, non curando che del presente, esultando di cose che la mia immaginazione ingrandiva e che dopo un'ora non erano più, e riponendo tutte le mie speranze ne' giuochi della prossima festa. Ma quel sogno è svanito! e chi m'accerta che in questo momento io non sogni? Ben tu, mio Dio, tu che creasti gli umani cuori, tu solo, sai che sonno spaventevole è questo ch'io dormo; sai che non altro m'avanza fuorché il pianto e la morte.

Così vaneggio! Cangio voti e pensieri, e quanto la Natura è più bella tanto più vorrei vederla vestita a lutto. E veramente pare che oggi m'abbia esaudito. Nel verno passato io era felice: quando la Natura dormiva mortalmente la mia anima pareva tranquilla – ed ora?

Eppur mi conforto nella speranza di essere compianto. Su l'aurora della vita io cercherò forse invano il resto della mia età che mi verrà rapito dalle mie passioni e dalle mie sventure; ma la mia sepoltura sarà bagnata dalle tue lagrime, dalle lagrime di quella fanciulla celeste. E chi mai cede a una eterna obblivione questa cara e travagliata esistenza? Chi mai vide per l'ultima volta i raggi del Sole, chi salutò la Natura per sempre, chi abbandonò i suoi diletti, le sue speranze, i suoi inganni, i suoi stessi dolori senza lasciar dietro a sé un desiderio, un sospiro, uno sguardo? Le persone a noi care che ci sopravvivono, sono parte di noi. I nostri occhi morenti chiedono altrui qualche stilla di pianto, e il nostro cuore ama che il recente cadavere sia sostenuto da braccia amorose, e cerca un petto dove trasfondere l'ultimo nostro respiro. Geme la Natura perfin nella tomba, e il suo gemito vince il silenzio e l'oscurità della morte.

M'affaccio al balcone ora che la immensa luce del Sole si va spegnendo, e le tenebre rapiscono all'universo que' raggi languidi che balenano su l'orizzonte; e nella opacità del mondo malinconico e taciturno contemplo la immagine della Distruzione divoratrice di tutte le cose. Poi giro gli occhi sulle macchie de' pini piantati dal padre mio su quel colle presso la porta della parrocchia, e travedo biancheggiare fra le frondi agitate da' venti la pietra della mia fossa. E mi par di vederti venir con mia madre, a benedire, o perdonar non foss'altro alle ceneri dell'infelice figliuolo. E predico a me, consolandomi: Forse Teresa verrà solitaria su l'alba a rattristarsi dolcemente su le mie antiche memorie, e a dirmi un altro addio. No! La morte non è dolorosa. Che se taluno metterà le mani nella mia sepoltura e scompiglierà il mio scheletro per trarre dalla notte in cui giaceranno, le mie ardenti passioni, le mie opinioni, i miei delitti – forse; non mi difendere, Lorenzo; rispondi soltanto: *Era uomo, e infelice.*

26 maggio

Ei[81] viene, Lorenzo – ei ritorna.

Scrisse di Toscana ove si fermerà venti giorni; e la lettera è in data de' 18 maggio: fra due settimane al più – dunque!

27 maggio

Ma penso: Ed è pur vero che questa immagine d'angelo de' cieli esista qui, in questo basso mondo, fra noi? E sospetto d'essermi innamorato della creatura della mia fantasia.

E chi non avrebbe voluto amarla anche infelicemente? E dov'è l'uomo così avventuroso col quale io degnassi di cangiare questo mio stato lagrimevole? Ma come io posso dall'altra parte essere tanto carnefice mio per tormentarmi – or nol veggo? Nol vidi pur sempre? Senza niuna speranza? – Forse! Un certo orgoglio in costei della sua bellezza e delle mie angosce – non mi ama, e la sua compassione coverà un tradimento. Ma quel suo bacio celeste che mi sta sempre su le labbra e mi domina tut-

81. *Egli.* Forma arcaica.

ti i pensieri? E quel suo pianto? Ahi, ma dopo quel momento mi sfugge; né s'attenta di guardarmi più in faccia. Seduttore! Io? E quando mi sento tuonare nell'anima quella tremenda sentenza: *Non sarò vostra mai*; io trapasso di furore in furore e medito delitti di sangue. Non tu, innocente vergine, io solo io solo ho tentato il tradimento; e l'avrei – chi sa? – consumato.

Oh! Un altro tuo bacio, e abbandonami poscia a' miei sogni e a' miei soavi delirj: io ti morrò a' piedi; ma tutto tuo, e sapendo che pur t'ho lasciata innocente – ma insieme infelice! Tu, se non potrai essermi sposa, mi sarai almeno compagna nel sepolcro. Ah no; la pena di questo amore fatale si rovesci sopra di me. Ch'io pianga per tutta un'eternità; ma che il cielo, o Teresa, non voglia che tu sia lungamente per mia cagione infelice! Ma intanto io ti ho perduta, e tu mi t'involi, tu stessa. Ah se tu mi amassi com'io t'amo!

Eppure, o Lorenzo, in sì fieri dubbj, e in tanti tormenti, ogni qual volta io domando consiglio alla mia ragione, mi riconforta dicendomi: *Tu non se' immortale*. Or via, soffriamo dunque; e sino agli estremi – uscirò, uscirò dall'inferno della vita; e basto io solo: a questa idea rido e della fortuna, e degli uomini, e quasi della onnipotenza di Dio.

28 maggio

Spesso io mi figuro tutto il mondo a soqquadro, e il Cielo, e il Sole, e l'Oceano, e tutti i globi nelle fiamme e nel nulla; ma se anche in mezzo alla universale rovina io potessi stringere un'altra volta Teresa – un'altra volta soltanto fra queste braccia, io invocherei la distruzione del creato.

29 maggio, all'alba

Oh illusione! Perché quando ne' miei sogni quest'anima è un paradiso, e Teresa è al mio fianco, e mi sento sospirar su la bocca, e – perché mi trovo poi un vuoto, un vuoto di tomba? Almen que' beati momenti non fossero mai venuti, o non fossero fuggiti mai! – questa notte io cercava brancicando quella mano che me l'ha strappata dal seno: mi parea d'intendere da lontano un suo gemito; ma le coltri molli di pianto, i miei capelli sudati, il mio petto ansante, la fitta e muta oscurità – tutto tutto mi gridava: *Misero, tu deliri!* Spaventato e languente mi sono buttato boccone sul letto abbracciando il guanciale, e cercando di tormentarmi nuovamente e d'illudermi.

Se tu mi vedessi stanco, squallido, taciturno errar su e giù per le montagne e cercar di Teresa, e temer di trovarla, sovente brontolar fra me stesso, chiamare, pregarla, e rispondere alle mie voci: arso dal Sole mi caccio sotto una macchia e m'addormento o vaneggio – ahi che sovente la saluto come se la vedessi, e mi pare di stringerla e di baciarla – poi mi svanisce, ed io tengo gli occhi inchiodati sui precipizj di qualche dirupo. Sì! conviene ch'io la finisca.

29 maggio, a sera

Fuggir dunque, fuggire: ma dove? Credimi, io mi sento malato: appena reggo questo mio corpo per potermelo strascinare sino alla villa, e confortarmi in quegli occhi e bere un altro sorso di vita, forse ultimo – ma senz'essa vorrei più questo inferno? Dianzi l'ho salutata per andarmene; non rispose – scesi le scale; ma non poteva scostarmi dal suo giardino: e – lo credi? – la sua vista mi dà soggezione. Vedendola poi scendere con sua sorella ho tentato di tirarmi sotto una pergola e fuggirmene. La Isabellina ha gridato: «Viscere mie, viscere mie, non ci avete vedute?» Colpito quasi da un fulmine mi sono precipitato sopra un sedile; la ragazza mi s'è gettata al collo carezzandomi, e dicendomi all'orecchio: «Perché taci sempre?» Non so se Teresa m'abbia guardato; sparì dentro un viale. Dopo mezz'ora tornò a chiamare la ragazza che stava ancora fra le mie ginocchia, e m'accorsi come le sue pupille erano rosse di pianto; non mi parlò, ma mi ammazzò con un'occhiata quasi volesse dirmi: «Tu mi hai ridotta così».

2 giugno

Ecco tutto ne' suoi veri sembianti. Ahi! Non sapeva che in me s'annidasse questa furia che m'investe, m'arde, mi annienta, eppur non mi uccide. Dov'è la Natura? Dov'è la sua immensa bellezza? Dov'è l'intreccio pittoresco de' colli ch'io contemplava dalla pianura innalzandomi con l'immaginazione nelle regioni dei cieli? Mi sembrano rupi nude e non veggo che precipizj. Le loro falde coperte di ombre ospitali mi sono fatte nojose: io vi passeggiava un tempo fra le ingannevoli meditazioni della nostra debole filosofia. A qual pro se ci fanno conoscere le infermità nostre, né porgono i rimedj da risanarle? Oggi io sentiva gemere la foresta ai colpi delle scuri: i contadini atterravano i roveri di duecento anni: - tutto père[82] quaggiù!

Guardo le piante ch'una volta scansava di calpestare, e mi soffermo sovr'esse e le strappo, e le sfioro gittandole fra la polvere rapita dai venti. Gemesse con me l'universo!

Sono uscito assai prima del Sole e correndo attraverso de' solchi, cercava nella stanchezza del corpo qualche sopore a quest'anima tempestosa. La mia fronte era tutta sudore, e il mio petto ansava con difficile anelito. Soffia il vento della notte e mi scompiglia le chiome ed agghiaccia il sudore che grondavami

82. Perisce.

dalle guance. – Oh! Da quell'ora mi sento per tutte le membra un brivido, le mani fredde, le labbra livide, e gli occhi erranti fra le nuvole della morte.

Almeno costei non mi perseguitasse con la sua immagine, ovunque io mi vada, a piantarmisi faccia a faccia: perch'ella, o Lorenzo – perch'ella mi move qui dentro un terrore, una disperazione, una rabbia, una gran guerra – e medito talor di rapirla e di strascinarla con me nei deserti lungi dalla prepotenza degli uomini. «Ahi sciagurato! Mi percuoto la fronte e bestemmio – partirò».

Lorenzo

A chi legge

Tu forse, o Lettore, ti se' fatto amico di Jacopo, e brami di sapere la storia della sua passione; onde io per narrartela andrò quindi innanzi interrompendo la serie delle sue lettere.

*La morte di Lauretta esacerbò la sua malinconia fatta ancora più nera per l'imminente ritorno di Odoardo. Diradò le sue visite in casa T***, e non parlava con anima nata. Dimagrato, sparuto, con gli occhi incavati, ma spalancati e pensosi, la voce cupa, i passi tardi, andava per lo più inferrajuolato*[83]*, senza cappello, e con le chiome giù per la faccia; vegliava le notti intere girando per le campagne, e il giorno fu spesso veduto dormire sotta qualche albero.*

In questa[84]*, tornò Odoardo in compagnia di un giovine pittore che ripatriava da Roma. Quel giorno stesso incontrarono Jacopo. Odoardo gli si fe' incontro abbracciandolo; Jacopo quasi sbigottito si arretrò. Il pittore gli disse che avendo udito a parlare di lui e dell'ingegno suo, da gran tempo bramava di co-*

83. Tutto imbacuccato.
84. In quel frangente.

noscerlo di persona. – Ei lo interruppe? «Io? Io, signor mio, non ho mai potuto conoscere me medesimo negli altri mortali; però non credo che gli altri possano mai conoscere se medesimi in me». *Gli domandarono interpretazione di sì ambigue parole; ed ei per tutta risposta si ravvolse nel suo tabarro, si cacciò fra gli alberi; e sparì. Odoardo si dolse di questo contegno col padre di Teresa, il quale già incominciava a temere della passione di Jacopo.*

*Teresa dotata di una indole meno risentita, ma passionata ed ingenua; propensa a una affettuosa malinconia, priva nella solitudine d'ogni altro amico di cuore, nell'età in cui parla in noi la dolce necessità di amare e di essere riamati, incominciò a confidare a Jacopo tutta l'anima sua, e a poco a poco se ne innamorò; ma non ardiva confessarlo a se stessa: e dopo la sera di quel bacio viveva assai riservata, sfuggendo l'amante, e tremando alla presenza del padre. Allontanata da sua madre, senza consiglio e senza conforto, atterrita dal suo stato futuro, e dalla virtù e dall'amore, diventò solitaria, non parlava quasi mai, leggeva sempre, trascurava e il disegno, e la sua arpa, e il suo abbigliamento, e fu spesso sorpresa dai famigliari con le lagrime agli occhi. Scansava la compagnia delle giovinette sue amiche che a primavera villeggiavano a' colli Euganei; e dileguandosi a tutti e alla sua sorellina, sedeva molte ore ne' luoghi più appartati del suo giardino. Regnava quindi in quella casa un silenzio e una certa diffidenza che turbarono lo sposo trafitto anche da' modi sdegnosi di Jacopo incapace di simulazione. Naturalmente parlava con enfasi; e sebbene conversando fosse taciturno, fra' suoi amici era loquace, pronto al riso, e ad una allegria schietta, eccessiva. Ma in que' giorni le sue parole ed ogni suo atto erano veementi e amari come l'anima sua. Istigato una sera da Odoardo che giustificava il trattato di Campo Formio, si diede a disputare, a gridare come un invasato, a minacciare, a percuotersi la testa, e a piangere d'ira. Avea sempre un'aria assoluta; ma il signore T*** mi raccontava che allora* *o stava sepolto ne' suoi pensieri, o se discorreva, s'infiammava d'improvviso; i suoi occhi metteano paura, e talvolta fra il discorso gli abbassava inondati di pianto. Odoardo si fe' più circospetto, e sospettò del cangiamento di Jacopo.*

Così passò tutto giugno. Il misero giovine diveniva ogni dì più tetro ed infermo; né scriveva più alla sua famiglia, né rispondeva alle mie lettere. Spesso fu veduto da' contadini cavalcare a briglia sciolta per luoghi scoscesi, e in mezzo alle fratte e a traverso de' fossi, ed è maraviglia com'ei non sia pericolato. Una mattina il pittore stando a ritrarre la prospettiva de' monti, udì la sua voce fra il bosco: gli si accostò di soppiatto, e intese ch'ei declamava una scena del Saule. *Allora gli riuscì di disegnare il ritratto dell'Ortis, che sta in fronte a questa edizione, appunto quand'ei si soffermava pensoso dopo avere proferito que' versi dell'atto II, scena I.*

Precipitoso
Già mi sarei fra gl'inimici ferri
Scagliato io da gran tempo; avrei già tronca
Così la vita orribile ch'io vivo.[85]

Poi lo vide arrampicarsi sino alla cima della montagna, guardare all'ingiù risolutamente con le braccia aperte, e tutto ad un tratto arretrarsi esclamando: «O madre mia!»

*Una domenica rimase a desinare in casa T***. Pregò Teresa perché suonasse, e le porse l'arpa egli stesso. Mentr'ella incominciava, entrò suo padre e le s'assise da canto. Jacopo pareva inondato da una dolce mestizia e il suo aspetto si andava rianimando; ma a poco a poco chinò la testa, e ricadde in una malinconia più compassionevole di prima. Teresa lo sogguardava e sforzavasi di reprimere il pianto: Jacopo se n'avvide, né potendosi contenere, s'alzò e partì. Il padre intenerito si voltò a*

85. V. Alfieri, *Saul.* Atto II, scena I.

Teresa dicendole: «O figlia mia, tu vuoi dunque precipitare teco noi tutti?» *A queste parole le sgorgarono d'improvviso le lagrime; si gittò fra le braccia di suo padre, e gli confessò. In questa entrava Odoardo; e la subita partenza di Jacopo, e l'atteggiamento di Teresa, e il turbamento del signore T*** lo raffermarono ne' suoi dubbj. Queste cose le ho udite dalla bocca di Teresa.*

Il dì seguente, che fu la mattina de' 7 luglio, Jacopo andò da Teresa, e vi trovò lo sposo, e il pittore che le faceva il ritratto nuziale. Teresa confusa e tremante uscì in fretta come per badare a qualche cosa di cui si era dimenticata; ma passando davanti a Jacopo gli disse ansiosamente sottovoce: «Mio padre sa tutto». *Ei non fe' motto né cambiò viso; passeggiò tre o quattro volte su e giù per la stanza, ed uscì. Per tutto quel giorno non si lasciò vedere ad uomo vivente. Michele che lo aspettava a desinare, ne cercò invano. Non si ridusse a casa che a mezzanotte suonata. Si sdrajò vestito sul letto, e mandò a dormire il ragazzo. Poco dopo s'alzò e scrisse.*

Mezzanotte

Io mandava alla Divinità i miei ringraziamenti, e i miei voti, ma io non la ho mai temuta. Eppure adesso che sento tutto il flagello delle sventure, io la temo e la supplico.

Il mio intelletto è acciecato, la mia anima è prostrata, il mio corpo è sbattuto dal languore della morte.

È vero! I disgraziati hanno bisogno di un altro mondo diverso da questo dove mangiano un pane amaro, e bevono l'acqua mescolata alle lagrime. La immaginazione lo crea, e il cuore si consola. La virtù sempre infelice quaggiù persevera con la speranza di un premio – ma sciagurati coloro che per non essere scellerati hanno bisogno della religione!

Mi sono prostrato in una chiesetta posta in Arquà, perché io sentiva che la mano di Dio pesava sopra il mio cuore.

Son io debole forse, Lorenzo? Il cielo non ti faccia mai sentire la necessità della solitudine, delle lagrime, e di una chiesa!

Ore 2

Il Cielo è tempestoso: le stelle rare e pallide; e la Luna mezza sepolta fra le nuvole batte con raggi lividi le mie finestre.

All'alba

Lorenzo, non odi? T'invoca l'amico tuo: qual sonno! spunta un raggio di giorno e forse per rinsanguinare i miei mali. – Dio non mi ode. Mi condanna anzi ad ogni minuto all'agonia della morte; e mi costringe a maledire i miei giorni che pur non sono macchiati di alcun delitto.

Che? Se tu se' *un Dio forte, prepotente, geloso, che rivedi le iniquità de' padri ne' figli, e che visiti nel tuo furore la terza e la quarta generazione*[86], dovrò io sperar di placarti? Manda in me – bensì non in altri che in me – l'ira tua, la quale *raccende nell'inferno le fiamme*[87] che dovranno ardere milioni e milioni di popoli a' quali non ti se' fatto conoscere. – Ma Teresa è innocente: e anziché stimarti crudele, t'adora con serenità soavissima d'animo. Io non t'adoro, appunto perché ti pavento – e sento pure che ho bisogno di te.

Spogliati, deh! Spogliati degli attributi di cui gli uomini t'hanno vestito per farti simile a loro. Non se' tu forse il Consolatore degli afflitti? E il tuo Figlio Divino non si chiamava egli il *Figlio dell'Uomo*? Odimi dunque. Questo cuore ti sente, ma non t'offendere del gemito a cui la Natura costringe le viscere

86. Esodo, XX, 5.
87. Malach., III, 3.

dilaniate dell'uomo. E mormoro contro di te, e piango, e t'invoco, sperando di liberare l'anima mia – di liberarla? Ma e come, se non è piena di te? Se non ti ha implorato nella prosperità, e solo rifugge al tuo ajuto, e domanda il tuo braccio or quando è atterrata nella miseria? Se ti teme, e non ha in te veruna speranza? Né spera, né desidera che Teresa: e ti vedo in lei sola.

Ecco, o Lorenzo, fuor delle mie labbra il delitto per cui Dio ha ritirato il suo sguardo da me. Non l'ho mai adorato come adoro Teresa. – Bestemmia! Pari a Dio colei che sarà a un soffio scheletro e nulla? Vedi l'uomo umiliato. Dovrò dunque io anteporre Teresa a Dio? – Ah da lei si spande beltà celeste ed immensa, beltà onnipotente. Misuro l'universo con uno sguardo; contemplo con occhio attonito l'eternità; tutto è caos, tutto sfuma, e s'annulla; Dio mi diventa incomprensibile; e Teresa mi sta sempre davanti.

*Dopo due giorni s'ammalò. Il padre di Teresa andò a visitarlo, e si giovò di quell'occasione a persuaderlo che s'allontanasse da' colli Euganei. Come discreto e generoso ch'egli era, stimava l'ingegno e l'animo di Jacopo, e lo amava come il più caro amico ch'ei potesse aver mai; e m'accertò che in circostanze diverse avrebbe creduto d'ornare la sua famiglia pigliandosi per genero un giovine che se partecipava d'alcuni errori del nostro tempo, ed era dotato d'indomita tempra di cuore, aveva a ogni modo, al dire del signore T***, opinioni e virtù degne de' secoli antichi. Ma Odoardo era ricco, e di una famiglia sotto la cui parentela il signore T*** fuggiva alle persecuzioni e alle insidie de' suoi nemici, i quali lo accusavano d'avere desiderato la verace libertà del suo paese; delitto capitale in Italia. Bensì imparentandosi all'Ortis, avrebbe accelerato la rovina di lui, e della propria famiglia. Oltre di che aveva obbligata la sua fede; e per mantenerla s'era ridotto a dividersi da una moglie a lui cara. Né i suoi bilanci domestici gli assentivano di accasare Teresa con una gran dote, necessaria alle me-*

*diocri sostanze dell'Ortis. Il signore T*** mi scrisse queste cose, e le disse a Jacopo che sapeale da sé, e le ascoltò con aspetto riposatissimo; ma non sì tosto*[88] *udì parlare di dote.* «No», *lo interruppe*, «esule, povero, oscuro a tutti i mortali, mi vorrei sotterrar vivo anziché domandarvi vostra figlia in sposa. Sono sfortunato, non però vile. Né i miei figliuoli dovranno riconoscere mai la loro fortuna dalla ricchezza della loro madre. Vostra figlia è più ricca di me, ed è promessa». «Dunque?» *Rispose il signore T***. Jacopo non fiatò. Alzò gli occhi al cielo, e dopo molta ora*: «Oh Teresa», *esclamò*, «sarai a ogni modo infelice! Oh amico mio», *gli soggiunse allora amorevolmente il signore T****, «e per chi mai cominciò ad essere misera se non per voi? Erasi già per amor mio rassegnata al suo stato; e sola poteva rappacificare una volta i suoi poveri genitori. Vi ha amato; e voi che pure l'amate con sì altera generosità, voi pur le rapite uno sposo, e manterrete discorde una casa ove foste, e siete, e sarete sempre accolto come figliuolo. Arrendetevi; allontanatevi per alcuni mesi. Forse avreste trovato in altri un padre severo: ma io! Sono stato anch'io sventurato; ho provato le passioni, pur troppo! E ne provo – e ho imparato a compiangerle, perché sento io pure il bisogno d'essere compatito. Bensì da voi solo all'età mia quasi canuta ho imparato come alle volte si stima l'uomo che ci danneggia, massime se è dotato di tale carattere da far parere generosi e tremendi gli affetti che in altri pajoni colpevoli insieme e risibili. Né io vel dissimulo: voi, dal dì che primamente vi ho conosciuto, avete assunto tale inesplicabile predominio sopra di me, da costringermi a temervi insieme ed amarvi: e spesso andava noverando i minuti per impazienza di rivedervi, e nel tempo stesso io sentivami preso d'un tremito subitaneo e secreto allorché i miei servi mi davano avviso che voi salivate le scale. Or voi abbiate pietà di me, e della vostra gioventù, e della fama di Teresa. La sua beltà e la sua salute vanno

88. Così presto.

languendo; le sue viscere si struggono nel silenzio, e per voi. Io vi scongiuro in nome di Teresa, partite; sacrificate la vostra passione alla sua quiete; e non vogliate ch'io sia l'amico insieme e il marito e il padre più misero che sia mai nato». *Jacopo parea intenerito: non però mutò aspetto, né gli cadde lagrima dagli occhi, né rispose parola; benché il signore T*** a mezzo il discorso si rattenesse a stento dal piangere: e restò a canto al letto di Jacopo sino a notte tardissima: ma né l'uno né l'altro aprirono più bocca se non quando si dissero addio. La malattia del giovine aggravò; e ne' giorni seguenti fu sovrappreso da febbre pericolosa.*

Frattanto io sgomentato e dalle lettere recenti di Jacopo, e da quelle del padre di Teresa, studiava ogni via per accelerare la partenza dell'amico mio, come solo rimedio alla sua violenta passione. Né ebbi cuore di rivelarla a sua madre, la quale aveva già avuto molte altre dolorosissime prove dell'indole sua capace d'eccessi; e le dissi soltanto, ch'era un po' malato, e che il mutar aria gli avrebbe certamente giovato.

In quel tempo stesso incominciavano a inferocire in Venezia le persecuzioni. Non v'erano leggi; ma tribunali arbitrarj; non accusatori, non difensori; bensì spie di pensieri, delitti nuovi, ignoti a chi n'era punito, e pene subite, inappellabili. I più sospettati gemevano carcerati; gli altri, benché d'antica e specchiata fama, erano tolti di notte alle proprie case, manomessi dagli sgherri, strascinati a' confini e abbandonati alla ventura, senza l'addio de' congiunti, e destituti[89] *d'ogni umano soccorso. Per alcuni pochi l'esilio scevro da questi modi violenti ed infami fu somma clemenza. Ed io pure tardo, e non ultimo e tacito martire, vo da più mesi profugo per l'Italia volgendo senza nessuna speranza gli occhi lagrimosi alle sponde della mia patria. Onde io allora, adombrato anche per la libertà di Jacopo, persuasi sua madre, quantunque desolatissima, a raccomandar-*

89. Destituiti. Forma desueta.

gli che sino a tempi migliori cercasse rifuggio[90] *in altro paese; tanto più che quando s'era partito di Padova, si scusò allegando gli stessi pericoli. Fu fidata la lettera a un servo il quale giunse a' colli Euganei la sera de' 15 luglio, e trovò Jacopo ancora a letto, sebbene migliorato d'assai. Gli sedeva vicino il padre di Teresa. Lesse la lettera sommessamente, e la posò sul guanciale; poco dopo la rilesse, e parve commosso; ma non ne parlò.*

Il dì 19 s'alzò da letto. In quel giorno stesso sua madre gli riscrisse inviandogli danaro, due cambiali, e parecchie commendatizie, e scongiurandolo per le viscere di Dio che partisse. Assai prima di sera andò da Teresa; e non trovò che l'Isabellina la quale tutta intenerita contò ch'ei s'assise muto, si rizzò, la baciò, e se ne andò. Tornò dopo un'ora, e salendo per le scale la incontrò nuovamente, e se la strinse al petto, la baciò più volte, e la bagnò di lagrime. Si pose a scrivere, mutò varii fogli, e li stracciò poi tutti. Si aggirò pensieroso per l'orto. Un servo passandovi su l'imbrunire, lo vide sdrajato: ripassando, lo trovò ritto presso al rastrello in atto d'uscire, e col capo rivolto attentissimo verso la casa ch'era battuta dalla Luna.

Tornatosi a casa, rimandò il messo rispondendo a sua madre, che domani su l'alba partiva. Fece ordinare i cavalli alla posta più vicina. Innanzi di coricarsi, scrisse la lettera seguente per Teresa, e la consegnò all'ortolano. All'alba partì.

Ore 9

Perdonami, Teresa; io ho funestato la tua giovinezza, e la quiete della tua casa; ma fuggirò. Né io mi credeva dotato di tanta costanza. Posso lasciarti, e non morir di dolore; e non è poco; usiamo dunque di questo momento finché il cuore mi regge,

90. Forma arcaica.

e la ragione non mi abbandona affatto. Pur la mia mente è sepolta nel solo pensiero di amarti sempre e di piangerti. Ma sarà obbligo mio di non più scriverti, né di mai più rivederti se non se quando sarò certissimo di lasciarti quieta davvero. Oggi t'ho cercato invano per dirti addio. Abbiti almeno, o Teresa, queste ultime righe ch'io bagno, tu 'l vedi, d'amarissime lagrime. Mandami in qualunque tempo, in qualunque luogo il tuo ritratto. Se l'amicizia, se l'amore – o la compassione e la gratitudine ti parlano ancora per questo sconsolato, non negarmi il ristoro che addolcirà tutti i miei patimenti. Tuo padre stesso me lo concederà, spero che egli potrà vederti, ed udirti, e sentirsi riconfortato da te; mentr'io nelle ore fantastiche del mio dolore e delle mie passioni, nojato da tutto il mondo, diffidente di tutti, camminando sopra la terra come di locanda in locanda, e drizzando volontariamente i miei passi verso la sepoltura – perché ho veramente necessità di riposo – io mi conforterò intanto baciando dì e notte l'immagine tua: e così tu m'infonderai da lontano costanza da sopportare questa mia vita, – e finché avrò forze, io la sopporterò per te, e te lo giuro. E tu prega – prega, o Teresa, dalle viscere del tuo cuore purissimo il Cielo – non che mi perdoni i dolori, che forse avrò meritati, e che forse sono inseparabili dalla tempra dell'anima mia – bensì che non mi levi le poche facoltà che ancora mi avanzano, da tollerarli. Con l'immagine tua farò men angosciose le mie notti, e meno tristi i miei giorni solitarj, que' giorni ch'io dovrò pur vivere senza di te. Morendo, io volgerò a te gli ultimi sguardi, io ti raccomanderò il mio sospiro; verserò sovra di te l'anima mia, ti porterò meco nella mia sepoltura attaccata al mio petto – e se è pure prescritto ch'io chiuda gli occhi in terra straniera, e dove nessun cuore mi piangerà, io ti richiamerò tacitamente al mio capezzale, e mi parrà di vederti in quell'aspetto, in quell'atto, con quella stessa pietà che io ti vedeva, quando una volta, assai prima che tu sapessi di amarmi, assai prima che tu t'accorgessi dell'amor mio – ed io era ancora innocente verso di te – mi assistevi nella mia malattia. Di te non ho se non l'unica lettera che mi scrivesti quando io era in Padova: felice tempo! Ma chi l'avrebbe mai detto? Allora parevami che tu mi raccomandassi di ritornare: ed ora? Scrivo il decreto; ed eseguirò fra poche ore il decreto della nostra eterna separazione. Da quella tua lettera comincia la storia dell'amor nostro e non mi abbandonerà mai. O mia Teresa! E questi son pure delirj: ma sono insieme la sola consolazione di chi è insanabilmente infelice. Addio. Perdonami, mia Teresa – ohimè, io mi credeva più forte! – scrivo male e di un carattere appena leggibile; ma ho l'anima lacerata, e il pianto su gli occhi. Per carità non mi negare il tuo ritratto. Consegnalo a Lorenzo: e s'ei non me lo potrà far arrivare, lo custodirà come eredità santa che gli ricorderà sempre le tue virtù, e la tua bellezza, e l'unico eterno infelicissimo amore del suo misero amico. Addio – ma non è l'ultimo; mi rivedrai: e da quel giorno in poi sarò fatto tale da obbligare gli uomini ad avere pietà e rispetto alla nostra passione; e a te non sarà più delitto l'amarmi – pur se innanzi ch'io ti rivegga, il mio dolore mi scavasse la fossa, concedimi ch'io mi renda cara la morte con la certezza che tu m'hai amato. Or sì ch'io sento in che dolore io ti lascio! Oh! potessi morire a' tuoi piedi: oh! morire ed essere sepolto nella terra che avrà le tue ossa – ma addio.

Michele dissemi che il suo podrone viaggiò per due poste silenziosissimo, e con aspetto assai calmo, e quasi sereno. Poi chiese il suo scrigno da viaggio; e tanto[91] *che si rimutavano i cavalli, scrisse il seguente biglietto al signore T**** .

Signore ed amico mio.

All'ortolano di casa mia ho raccomandato jer sera una lettera da ricapitarsi alla Signorina; e bench'io l'abbia scritta quand'io già m'era saldamente deliberato a questo partito d'allonta-

91. Intanto.

narmi, temo a ogni modo d'avere versato sovra quel foglio tanta afflizione da contristare quella innocente. A lei dunque, signor mio, non rincresca di farsi mandare quella lettera dall'ortolano; e gli fo' dire che non la fidi se non a lei solo. La serbi così sigillata o la bruci. Ma perché alla sua figliuola riescirebbe amarissimo ch'io mi partissi senza lasciarle un addio, e tutto jeri non mi fu dato mai di vederla – ecco qui annesso un polizzino pur sigillato – ed ardisco sperare ch'ella, signor mio, la consegnerà a Teresa T*** innanzi che diventi moglie del marchese Odoardo. Non so se ci rivedremo – ho ben decretato di morire, non foss'altro, vicino alla mia casa paterna; ma quand'anche questo mio proponimento fosse deluso – sono certo ch'ella, signore ed amico mio, non vorrà mai dimenticarsi di me.

*Il signore T*** mi fe' capitare la lettera per Teresa (che ho riportato dianzi) a sigillo inviolato; né tardò a dare a sua figlia il polizzino. L'ebbi sott'occhio; era di poche righe; e d'uomo che per allora pareva tornato in sé.*

Tutti quasi i frammenti che seguono mi vennero per la posta in diversi fogli.

Rovigo, 20 luglio

Io la mirava e diceva a me stesso: Che sarebbe di me se non potessi vederla più? E correva a piangere meco di consolazione sapendo ch'io le era vicino – e adesso?

Cos'è più l'universo? Qual parte mai della terra potrà sostenermi senza Teresa? e mi pare di esserle lontano sognando. Ho avuto io tanta costanza? e m'è bastato il cuore di partire così – senza vederla? Né un bacio, né un unico addio! A minuto a minuto credo di trovarmi alla porta della sua casa, e di leggere nella mestizia del suo volto, che m'ama. Fuggo; e con che velocità ogni minuto mi porta ognor più lontano da lei. E intanto? quante care illusioni! ma io l'ho perduta. Non so più obbedire né alla mia volontà, né alla mia ragione, né al mio cuore sbalordito: mi lascierò strascinare dal braccio prepotente del mio destino. Addio.

Ferrara, 20 luglio, a sera

Io traversava il Po e rimirava le immense sue acque, e più volte fui per precipitarmi, e profondarmi, e perdermi per sempre. Tutto è un punto! Ah s'io non avessi una madre cara e sventurata a cui la mia morte costerebbe amarissime lagrime!

Né finirò così da codardo. Sosterrò tutta la mia sciagura; berrò fino all'ultima lagrima il pianto che mi fu assegnato dal Cielo; e quando le difese saranno vane, disperate tutte le passioni, tutte le forze consunte; quando io avrò coraggio di mirare la Morte in faccia, e ragionare pacatamente con lei, ed assaporare l'amaro suo calice, ed espiate le altrui lagrime, e disperato di rasciugarle – allora.

Ma ora ch'io parlo non è forse tutto perduto? E non mi resta che la sola memoria e la certezza che tutto è perduto: – hai tu provata mai quella piena di dolore quando ci abbandonano tutte le speranze?

Né un bacio? né addio! Bensì le tue lagrime mi seguiranno nella mia sepoltura. La mia salute, la mia sorte, il mio cuore, tu – tu! – Insomma tutto congiura, ed io vi obbedirò tutti.

Ore...

E ho avuto cuore di abbandonarla? Anzi ti ho abbandonata, o Teresa, in uno stato più deplorabile del mio. Chi sarà tuo consolatore? E tremerai al solo mio nome poiché t'ho fatto vedere io

– io primo, io unico –sull'aurora della tua vita, le tempeste e le tenebre della sventura; e tu, o giovinetta, non sei ancora sì forte né da tollerare né da fuggire la vita. Tu, per anche non sai che l'alba e la sera sono tutt'uno. Ah né io te lo voglio persuadere! Eppure non abbiamo più ajuto veruno[92] dagli uomini, nessuna consolazione in noi stessi. Ormai non so che supplicare il sommo Iddio, e supplicarlo co' miei gemiti, e cercare alcuna speranza fuori di questo mondo dove tutti ci perseguitano e ci abbandonano. E se gli spasimi, e le preghiere, e il rimorso ch'è fatto già mio carnefice, fossero offerte accolte dal Cielo, ah! Tu non saresti così infelice, ed io benedirei tutti i miei tormenti. Frattanto nella mia disperazione mortale chi sa in che pericoli tu sei! Né io posso difenderti, né rasciugare il tuo pianto, né raccogliere nel mio petto i tuoi secreti, né partecipare delle tue afflizioni; non so né dove fuggo, né come ti lascio, né quando potrò più rivederti.

Padre crudele, Teresa è sangue tuo! Quell'altare è profanato; la Natura ed il Cielo maledicono quei giuramenti; il ribrezzo, la gelosia, la discordia ed il pentimento gireranno fremendo intorno a quel letto e insanguineranno forse quelle catene. Teresa è figlia tua; placati. Ti pentirai amaramente, ma tardi: fors'ella un giorno nell'orrore del suo stato maledirà i suoi giorni e i suoi genitori, e conturberà con le sue querele le tue ossa nel sepolcro, quando tu non potrai se non intenderla di sotterra. Placati. – Ohimè! Tu non mi ascolti E dove me la trascini? La vittima è sacrificata! Io odo il suo gemito – il mio nome nel suo ultimo gemito! Barbari! Tremate: il vostro sangue – il mio sangue –, Teresa sarà vendicata. Ahi delirio! Ma io son pure omicida.

Ma tu, Lorenzo mio, che non mi ajuti? Io non ti scriveva perché un'eterna tempesta d'ira, di gelosia, di vendetta, di amore infuriava dentro di me; e tante passioni mi si gonfiavano nel pet-

92. Alcuno.

to, e mi soffocavano, e mi strozzavano quasi; io non poteva mandare parola, e sentiva il dolore impietrito dentro di me e questo dolore regna ancora e mi chiude la voce e i sospiri, e m'inaridisce le lagrime: mi sento mancata gran parte della vita, e quel poco che pure mi resta è avvilito dal languore e dalla oscurità della morte.

Or mi adiro sovente di essere partito, e mi accuso di viltà. Perché mai non hanno ardito d'insultare alla mia passione? Se taluno avesse comandato a quella misera di non rivedermi; se me l'avessero a viva forza strappata, pensi tu ch'io l'avrei lasciata mai? Ma doveva io pagare d'ingratitudine un padre che mi chiamava amico, che tante volte commosso mi abbracciava dicendomi: «E perché la sorte ti ha pur unito a noi disgraziati?» Poteva io precipitare nel disonore e nella persecuzione una famiglia che in altre circostanze avrebbe diviso meco e la prosperità e l'infortunio? E che poteva io rispondergli quand'ei mi diceva sospirando e pregandomi: «Teresa è mia figlia!» Sì! divorerò nel rimorso e nella solitudine tutti i miei giorni: ma ringrazierò quella tremenda mano invisibile che mi rapì da quel precipizio donde io cadendo avrei strascinato meco nella voragine quella giovinetta innocente. E mi seguitava; ed io crudele andava pur soffermandomi, e voltando gli occhi guardando se affrettavasi dietro a' miei passi precipitosi e mi seguitava; ma con animo spaventato, e con deboli forze. Che? Or non son io seduttore? E non dovrò tormele eternamente dagli occhi? Potessi anzi nascondermi a tutto l'universo e piangere le mie sciagure! ma piangerli quando io gli ho esacerbati?

Niuno[93] sa quale segreto sta sepolto qui dentro – e questo sudore freddo improvviso e questo arretrarmi – e il lamento che tutte le sere vien di sotterra, e mi chiama – e quel cadavere –

93. Nessuno.

perché io, Lorenzo, non sono forse omicida; ma pur mi veggo insanguinato d'un omicidio.

Spunta appena il giorno, ed io sto per partire. Da quanto tempo l'aurora mi trova sempre in un sonno da infermo! La notte non trovo mai posa. Poco fa io spalancava gli occhi urlando e guatandomi intorno come se mi vedessi sul capo il manigoldo. Sento nello svegliarmi certi terrori, simile a quegli sciagurati che hanno le mani calde di delitto. Addio addio. Parto, e ognor più lontano. Ti scriverò da Bologna dentr'oggi. Ringrazia mia madre. Pregala perché benedica il suo povero figliuolo. S'ella sapesse tutto il mio stato! Ma taci: su le sue piaghe non aprire un'altra piaga.

PARTE SECONDA

Bologna, 24 luglio, ore 10

Vuoi tu versare sul cuore dell'amico tuo qualche stilla di balsamo? Fa che Teresa ti dia il suo ritratto, e consegnalo a Michele ch'io ti rimando imponendogli di non ritornare senza tue risposte. Va a' colli Euganei tu stesso: forse quella disgraziata avrà bisogno di chi la compianga. Leggi alcuni frammenti di lettere che ne' miei affannosi delirj io tentava di scriverti. Addio. Vedrai la Isabellina, baciala mille volte per me. Quando nessuno si ricorderà più di me, fors'ella nominerà qualche volta il suo Jacopo. O mio caro! avvolto in tante miserie, fatto diffidente dagli uomini, con un'anima ardente e che pur vuole amare ed essere riamata, in chi poss'io confidarmi se non in una fanciullina non corrotta ancora dall'esperienza né dall'interesse, e che per una secreta simpatia mi ha tante volte bagnato del suo pianto innocente? S'io un giorno sapessi che non mi nomina più, credo, morrei di dolore.

E tu, dimmi, Lorenzo mio, m'abbandonerai tu? L'amicizia cara passione della gioventù ed unico conforto dell'infortunio s'agghiaccia nella prosperità. O gli amici, gli amici! Tu non mi perderai se non quando io scenderò sotterra. Ed io cesso dal querelarmi talvolta delle mie disgrazie perché senza di esse non sarei degno forse di te; né avrei un cuore capace di amarti. Ma quando io non vivrò più; e tu avrai ereditato da me il calice delle lagrime – oh! Non cercare altro amico fuor di te stesso.

Bologna, la notte de' 28 luglio

E mi parrebbe pure di star meno male se potessi dormire lungamente un gravissimo sonno. L'oppio non giova; mi desta dopo brevi letarghi pieni di visioni e di spasimi – e sono più notti! – Ora mi sono alzato per provarmi di scriverti; ma non mi regge più il polso. Tornerò a coricarmi. Pare che l'anima mia siegua lo stato negro e burrascoso della Natura. Sento diluviare: e giaccio con gli occhi spalancati. Dio mio! Dio mio!

Bologna, 12 agosto

Oramai sono passati diciotto giorni da che Michele è ripartito per le poste, né torna ancora: e non veggo tue lettere. Tu pure mi lasci? Per Dio, scrivimi almeno: aspetterò sino a lunedì, e poi prenderò la volta di Firenze. Qui tutto il giorno sto in casa perché non posso vedermi impacciato fra tanta gente; e la notte vo baloccone per città come larva, e mi sento sbranare le viscere da tanti indigenti che giacciono per le strade, e gridano pane; non so se per loro colpa, o d'altri – so che domandano pane. Oggi tornandomi dalla posta mi sono abbattuto in due sciagurati menati al patibolo: ne ho chiesto a quei che mi si affollavano addosso; e mi è stato risposto, che uno avea rubato una mula, e l'altro cinquantasei lire per fame. Ahi Società! E se non vi fossero leggi protettrici di coloro che per arricchire col sudore e col pianto de' proprj concittadini li sospingo al bisogno e al delitto, sarebbero poi sì necessarie le prigioni e i carnefici? Io non sono sì matto da presumere di riordinare i mortali; ma perché mi si contenderà di fremere su le loro miserie e più di tutto su la lor cecità? E mi vien detto che non v'ha settimana senza carneficina; e il popolo vi accorre come a solennità. I delitti intanto crescono co' supplizj. No, no; non voglio più respirare quest'aria fumante sempre del sangue de' miseri. – E dove?

Firenze, 27 agosto

Dianzi io adorava le sepolture di Galileo, del Machiavelli, e di Michelangelo; e nell'appressarmivi[94] io tremava preso da brivido. Coloro che hanno eretti que' mausolei sperano forse di scolparsi della povertà e delle carceri con le quali i loro avi punivano la grandezza di que' divini intelletti? Oh quanti perseguitati nel nostro secolo saranno venerati da' posteri! Ma e le persecuzioni a' vivi, e gli onori a' morti sono documenti della maligna ambizione che rode l'umano gregge.

Presso a que' marmi mi parea di rivivere in quegli anni miei fervidi, quand'io vegliando su gli scritti de' grandi mortali mi gittava con la immaginazione fra i plausi delle generazioni future. Ma ora troppo alte cose per me! – e pazze forse. La mia mente è cieca, le membra vacillanti, e il cuore guasto qui – nel profondo. Ritienti le commendatizie di cui mi scrivi: quelle che mi mandasti io le ho bruciate. Non voglio più oltraggi, né favori da veruno degli uomini potenti. L'unico mortale ch'io desiderava conoscere era Vittorio Alfieri; ma odo dire ch'ei non accoglie persone nuove: né io presumo di fargli rompere questo suo proponimento che deriva forse da' tempi, da' suoi studj, e più ancora dalle sue passioni e dall'esperienza del mondo. E fosse anche una debolezza, le debolezze di sì fatti mortali vanno rispettate; e chi n'è senza, scagli la prima pietra.

Firenze, 7 settembre

Spalanca le finestre, o Lorenzo, e saluta dalla mia stanza i miei colli. In un bel mattino di settembre saluta in mio nome il cielo, i laghi, le pianure, che si ricordano tutti della mia fanciullezza, e dove io per alcun tempo ho riposato dopo le ansietà della vita. Se passeggiando nelle notti serene i piedi ti conducesse-

94. Nell'avvicinarmici.

ro verso i viali della parrocchia, io ti prego di salire sul monte de' pini che serba tante dolci e funeste mie rimembranze. Appiè del pendio, passata la macchia de' tigli che fanno l'aere sempre fresco e odorato, là dove que' rigagnoli adunano un pelaghetto, troverai il salice solitario sotto i cui rami piangenti io stava più ore prostrato parlando con le mie speranze. E come tu sarai giunto presso alla vetta, udrai forse un cuculo il quale parea che ogni sera mi chiamasse col lugubre suo metro, e soltanto lo interrompea quando accorgevasi del mio borbottare o del calpestio de' miei piedi. Il pino dove allora e'[95] si stava nascosto, fa ombra a' rottami di una cappelletta ove anticamente si ardeva una lampada a un crocifisso: il turbine la sfracellò quella notte che lasciò fino ad oggi e mi lascierà finché avrò vita lo spirito atterrito di tenebre e di rimorso ; e quelle ruine mezzo sotterrate mi pareano nell'oscurità pietre sepolcrali, e più volte io mi pensava di erigere in quel luogo e fra quelle secrete ombre il mio avello. Ed ora? Chi sa ov'io lascierò le mie ossa! Consola tutti i contadini che ti chiederanno novelle di me. Già tempo mi si affollavano attorno, ed io li chiamava miei amici, e mi chiamavano benefattore. Io era il medico più accetto a' loro figliuoletti malati; io ascoltava amorevolmente le querele di que' meschini lavoratori, e componeva i loro dissidj; io filosofava con que' rozzi vecchj cadenti ingegnandomi di dileguare dalla lor fantasia i terrori della religione, e dipingendo i premj che il Cielo riserba all'uomo stanco della povertà e del sudore. Ma ora s'attristeranno nel nominarmi, poiché in questi ultimi mesi passava muto e fantastico senza talvolta rispondere a' loro saluti; e scorgendoli da lontano mentre cantando tornavano da' lavori, o riconduceano gli armenti, io gli scansava imboscandomi dove la selva è più negra. E mi vedeano su l'alba saltare i fossi e sbadatamente urtar gli arboscelli, i quali crollando mi pioveano la brina su le chiome; e così affrettarmi per le praterie, e poi arram-

95. Egli.

picarmi sul monte più alto donde io fermandomi ritto e ansante, con le braccia stese all'oriente, aspettava il Sole per querelarmi con lui che più non sorgeva allegro per me. Ti additeranno il ciglione della rupe sul quale, mentre il mondo era addormentato, io sedeva intento al lontano fragore delle acque, e al rombare dell'aria quando i venti ammassavano quasi su la mia testa le nuvole, e le spingevano a funestare la Luna che tramontando, ad ora ad ora illuminava nella pianura co' suoi pallidi raggi le croci conficcate su i tumuli del cimitero; e allora il villano de' vicini tugurj, per le mie grida destandosi sbigottito, s'affacciava alla porta, e m'udiva in quel silenzio solenne mandare le mie preci, e piangere, e ululare, e guatare dall'alto le sepolture, e invocare la morte. O antica mia solitudine! Ove sei tu? Non v'è gleba, non antro, non albero che non mi riviva nel cuore alimentandomi quel soave e patetico desiderio che sempre accompagna fuori dalle sue case l'uomo esule, e sventurato. Parmi che i miei piaceri e i miei dolori, i quali in que' luoghi m'erano cari: tutto insomma quello ch'è mio, sia rimasto tutto con te; e che qui non si trascini pellegrinando se non lo spettro del povero Jacopo.

Ma tu, amico unico mio, perché appena mi scrivi due nude parole avvisandomi che tu se' con Teresa? E non mi dici né come vive; né se s'attenta di nominarmi; né se Odoardo me l'ha rapita? Corro, e ricorro alla posta, ma senza pro; e torno lento, smarrito, e mi si legge nel volto il presentimento di grave sciagura. E mi par d'ora in ora udirmi pronunziare la mia sentenza mortale – *Teresa ha giurato.* – Ohimè! E quando mai cesserò da' miei funebri delirj, e dalle mie crudeli lusinghe? Addio.

Firenze, 17 settembre

Tu mi hai inchiodata la disperazione nel cuore. Vedo oramai che Teresa tenta di punirmi d'averla amata. Il suo ritratto l'aveva mandato a sua madre prima ch'io lo chiedessi? Tu me ne accerti, ed io credo; ma guardati che per tentare di risanarmi tu non congiurassi a contendermi l'unico balsamo alle mie viscere lacerate.

O mie speranze! Si dileguano tutte; ed io siedo qui derelitto nella solitudine del mio dolore.

In che devo più confidare? non mi tradire, Lorenzo: io non ti perderò mai dal mio petto, perché la tua memoria è necessaria all'amico tuo: in qualunque tua avversità tu non mi avresti perduto. Sono io dunque destinato a vedermi svanire tutto davanti? Anche l'unico avanzo di tante speranze? Ma sia così! Io non mi querelo né di lei, né di te – non di me stesso, non della mia fortuna – ben m'avvilisco con tante lagrime, e perdo la consolazione di poter dire: *Soffro i miei travagli e non mi lamento.*

Voi tutti mi lascierete – tutti: e il mio gemito vi seguirà da per tutto; perché senza di voi non sono uomo: e da ogni luogo vi richiamerò disperato. Ecco le poche parole scrittemi da Teresa: *Abbiate rispetto alla vostra vita; ve ne scongiuro per le nostre disgrazie. Non siamo noi due soli infelici. Avrete il mio ritratto quando potrò. Mio padre piange con me; e non gli rincresce ch'io risponda al biglietto che mi ha ricapitato da parte vostra; pur con le sue lagrime a me pare che tacitamente mi proibisca di scrivervi d'ora innanzi – ed io piangendo lo prometto; e vi scrivo, forse per l'ultima volta, piangendo – perché io non potrò più confessare d'amarvi fuorché davanti a Dio solo.*

Tu sei dunque più forte di me? Sì, ripeterò queste poche righe come fossero le tue ultime volontà – parlerò teco un'altra volta, o Teresa; ma solamente quel giorno che mi sarò agguerrito di tanta ragione e di tale coraggio da separarmi davvero da te.

Che se ora l'amarti di questo amore insoffribile, immenso, e tacere e seppellirmi agli occhi di tutti, potesse ridarti pace – se la mia morte potesse espiare al tribunale de' nostri persecutori la tua passione e sopirla per sempre dentro il tuo petto, io supplico con tutto l'ardore e la verità dell'anima mia la Natura ed il

Cielo perché mi tolgano finalmente dal mondo. Or ch'io resista al mio fatale e insieme dolcissimo desiderio di morte, te lo prometto; ma ch'io lo vinca, ah! Tu sola con le tue preghiere potrai forse impetrarmelo dal mio Creatore – e sento che ad ogni modo ei mi chiama. Ma tu deh! Vivi per quanto puoi felice – per quanto puoi ancora. Iddio forse convertirà a tua consolazione, sfortunata giovine, queste lagrime penitenti ch'io mando a lui domandandogli misericordia per te. Pur troppo tu, pur troppo, tu ora partecipi del doloroso mio stato, e per me tu se' fatta infelice – e come ho io rimeritato tuo padre delle affettuose sue cure, della fiducia, de' suoi consigli, delle sue carezze? E tu a che precipizio non ti se' trovata e non ti trovi per me? Ma e di che dunque mi ha egli beneficato tuo padre, e ch'io oggi nol ricompensi con gratitudine inaudita? Non gli presento in sacrificio il mio cuore che insanguina? Nessun mortale mi è creditore di generosità; – né io, che pur sono, e tu 'l sai, ferocissimo giudice mio posso incolparmi d'averti amata – bensì l'esserti causa d'affanni, è il più crudele delitto ch'io mai potessi commettere.

Ohimè! Con chi parlo? E a che pro?

Se questa lettera ti trova ancora a' miei colli, o Lorenzo, non la mostrare a Teresa. Non le parlare di me – se te ne chiede, dille ch'io vivo, ch'io vivo ancora – non le parlare insomma di me. Ma io te lo confesso: mi compiaccio delle mie infermità: io stesso palpo le mie ferite dove sono più mortali, e cerco d'esulcerarle, e le contemplo insanguinate – e mi pare che i miei martirj rechino qualche espiazione alle mie colpe, e un breve refrigerio a' dolori di quella innocente.

Firenze, 25 settembre

In queste terre beate si ridestarono dalla barbarie le sacre Muse e le lettere. Dovunque io mi volga, trovo le case ove nacquero, e le pie zolle dove riposano que' primi grandi Toscani: ad ogni passo ho timore di calpestare le loro reliquie. La Toscana è tuttaquanta una città continuata, e un giardino; il popolo naturalmente gentile; il cielo sereno; e l'aria piena di vita e di salute. Ma l'amico tuo non trova requie: spero sempre – domani, nel paese vicino – e il domani viene, ed eccomi di città in città, e mi pesa sempre più questo stato di esilio e di solitudine. Neppure mi è conceduto di proseguire il mio viaggio: avea decretato di andare a Roma a prostrarmi su le reliquie della nostra grandezza. Mi negano il passaporto; quello già mandatomi da mia madre è per Milano: e qui, come s'io fossi venuto a congiurare, mi hanno circuito con mille interrogazioni: non avran torto; ma io risponderò domani, partendo. Così noi tutti Italiani siamo fuorusciti e stranieri in Italia: e lontani appena dal nostro territoriuccio, né ingegno, né fama, né illibati costumi ci sono di scudo: e guai se t'attenti di mostrare una dramma di sublime coraggio! Sbanditi appena dalle nostre porte, non troviamo chi ne raccolga. Spogliati dagli uni, scherniti dagli altri, traditi sempre da tutti, abbandonati da' nostri medesimi concittadini, i quali anziché compiangersi e soccorrersi nella comune calamità, guardano come barbari tutti quegl'Italiani che non sono della loro provincia, e dalle cui membra non suonano le stesse catene – dimmi, Lorenzo, quale asilo ci resta? Le nostre messi hanno arricchiti i nostri dominatori; ma le nostre terre non somministrano né tugurj né pane a tanti Italiani che la rivoluzione ha balestrati fuori dal cielo natio, e che languenti di fame e di stanchezza hanno sempre all'orecchio il solo, il supremo consigliere dell'uomo destituto da tutta la natura, il delitto! Per noi dunque quale asilo più resta, fuorché il deserto, e la tomba? E la viltà! E chi più si avvilisce più vive forse; ma vituperoso a se stesso, e deriso da quei tiranni medesimi a cui si vende, e da' quali sarà un dì trafficato.

Ho corsa tutta Toscana. Tutti i monti e tutti i campi sono insigni per le fraterne battaglie di quattro secoli addietro; i cadaveri intanto d'infiniti Italiani ammazzatisi hanno fatte le fondamenta a' troni degl'Imperadori e de' Papi. Sono salito a Monteaperto dove è infame ancor la memoria della sconfitta de' Guelfi. Albeggiava appena un crepuscolo di giorno, e in quel mesto silenzio, e in quella oscurità fredda, con l'anima investita da tutte le antiche e fiere sventure che sbranano la nostra patria – o mio Lorenzo! Io mi sono sentito abbrividire, e rizzare i capelli; io gridava dall'alto con voce minacciosa e spaventata. E mi parea che salissero e scendessero dalle vie dirupate della montagna le ombre di tutti que' Toscani che si erano uccisi; con le spade e le vesti insanguinate; guatarsi biechi, e fremere tempestosamente, e azzuffarsi e lacerarsi le antiche ferite. Oh! Per chi quel sangue? Il figliuolo tronca il capo al padre e lo squassa per le chiome – e per chi tanta scellerata carnificina? I re per cui vi trucidate si stringono nel bollor della zuffa le destre e pacificamente si dividono le vostre vesti e il vostro terreno. Urlando io fuggiva precipitosamente guatandomi dietro. E quelle orride fantasie mi seguitavano sempre, e ancora quando io mi trovo solo di notte mi sento attorno quegli spettri, e con essi uno spettro più tremendo di tutti, e ch'io solo conosco. E perché io debbo dunque, o mia patria, accusarti sempre e compiangerti, senza niuna speranza di poterti emendare o di soccorrerti mai?

Milano, 27 ottobre

Ti scrissi da Parma; e poi da Milano il dì ch'io ci giunsi: la settimana addietro ti scrissi una lettera lunghissima. Come dunque la tua mi capita sì tarda, e per la via di Toscana d'onde partii sino dai 28 settembre? Mi morde un sospetto: le nostre lettere sono intercette. I governi millantano la sicurezza delle sostanze; ma invadono intanto il secreto, la preziosissima di tutte le proprietà: vietano le tacite querele; e profanano l'asilo sacro che le sventure cercano nel petto dell'amicizia. Sia pure! Io mel dovea prevedere: ma que' loro manigoldi non andranno più a caccia delle nostre parole e de' nostri pensieri. Troverò compenso perché le nostre lettere d'ora in poi viaggino inviolate.

Tu mi chiedi novelle di Giuseppe Parini: serba la sua generosa fierezza, ma parmi sgomentato dai tempi e dalla vecchiaja. Andandolo a visitare, lo incontrai su la porta delle sue stanze mentre egli strascinavasi per uscire. Mi ravvisò; e fermatosi sul suo bastone, mi posò la mano su la spalla, dicendomi: Tu vieni a rivedere quest'animoso cavallo che si sente nel cuore la superbia della sua bella gioventù; ma che ora stramazza fra via e si rialza soltanto per le battiture della fortuna. E' paventa di essere cacciato dalla sua cattedra, e di trovarsi costretto dopo settanta anni di studj e di gloria ad agonizzare elemosinando.

Milano, 11 novembre

Chiesi la vita di Benvenuto Cellini a un librajo: «Non l'abbiamo». Lo richiesi di un altro scrittore; e allora quasi dispettoso mi disse, ch'ei non vendeva libri italiani. La gente civile parla elegantemente francese, e appena intende lo schietto toscano. I pubblici atti e le leggi sono scritte in una cotal lingua bastarda che le ignude frasi suggellano la ignoranza e la servitù di chi le detta. I Demosteni Cisalpini disputarono caldamente nel loro senato per esiliare con sentenza capitale dalla repubblica la lingua greca e la latina. S'è creata una legge che avea l'unico fine di sbandire da ogni impiego il matematico Gregorio Fontana, e Vincenzo Monti, poeta; non so cos'abbiano scritto contro alla Libertà, prima che fosse discesa a prostituirsi in Italia; so che sono presti a scrivere anche per essa. E quale pur fosse la loro colpa, la ingiustizia della punizione li assolve, e la solennità d'una legge creata per due soli individui accresce la loro celebrità. Chiesi ov'erano le sale de' Consiglj Legislativi: pochi m'intesero; pochissimi mi risposero; e niuno[96] seppe insegnarmi.

96. Nessuno.

Milano, 4 dicembre

Siati questa l'unica risposta a' tuoi consiglj. In tutti i paesi ho veduto gli uomini sempre di tre sorta: i pochi che comandano; l'universalità che serve; e i molti che brigano[97]. Noi non possiam comandare, né forse siam tanto scaltri; noi non siam ciechi, né vogliamo ubbidire; noi non ci degniamo di brigare. E il meglio è vivere come que' cani senza padrone a' quali non toccano né tozzi né percosse. Che vuoi tu ch'io accatti protezioni ed impieghi in uno Stato ov'io sono reputato straniero, e donde il capriccio di ogni spia può farmi sfrattare? Tu mi esalti sempre il mio ingegno; sai tu quanto io vaglio? Né più né meno di ciò che vale la mia entrata: se per altro io non facessi il *letterato di corte*, rintuzzando quel nobile ardire che irrita i potenti, e dissimulando la virtù e la scienza, per non rimproverarli della loro ignoranza, e delle loro scelleraggini. Letterati! Oh! Tu dirai, così da per tutto. E sia così: lascio il mondo com'è; ma s'io dovessi impacciarmente vorrei o che gli uomini mutassero modo, o che mi facessero mozzare il capo sul palco; e questo mi pare più facile. Non che i tirannetti non si avveggano delle brighe; ma gli uomini balzati da' trivj al trono hanno d'uopo di faziosi che poi non possono contenere. Gonfj del presente, spensierati dell'avvenire, poveri di fama, di coraggio e d'ingegno, si armano di adulatori e di satelliti, da' quali, quantunque spesso traditi e derisi, non sanno più svilupparsi: perpetua ruota di servitù, di licenza e di tirannia. Per essere padroni e ladri del popolo conviene prima lasciarsi opprimere, depredare, e conviene leccare la spada grondante del tuo sangue. Così potrei forse procacciarmi una carica, qualche migliajo di scudi ogni anno di più, rimorsi, ed infamia. Odilo un'altra volta: *Non reciterò mai la parte del piccolo briccone*.

Tanto e tanto so di essere calpestato; ma almen fra la turba

97. *Brigare*: darsi da fare per ottenere protezione.

immensa de' miei conservi, simile a quegli insetti che sono sbadatamente schiacciati da chi passeggia. Non mi glorio come tanti altri della servitù; né i miei tiranni si pasceranno del mio avvilimento. Serbino ad altri le loro ingiurie e i lor beneficj; e vi son tanti che pur vi agognano! Io fuggirò il vituperio morendo ignoto. E quando io fossi costretto ad uscire dalla mia oscurità, anziché mostrarmi fortunato stromento[98] della licenza o della tirannide, torrei[99] d'essere vittima deplorata.

Che se mi mancasse il pane e il fuoco, e questa che tu mi additi fosse l'unica sorgente di vita – cessi il cielo ch'io insulti alla necessità di tanti altri che non potrebbero imitarmi – davvero, Lorenzo, io me n'andrei alla patria di tutti, dove non vi sono né delatori, né conquistatori, né letterati di corte, né principi; dove le ricchezze non coronano il delitto; dove il misero non è giustiziato non per altro se non perché è misero; dove un dì o l–altro verranno tutti ad abitare con me e a rimescolarsi nella materia, sotterra.

Aggrappandomi sul dirupo della vita, sieguo alle volte un lume ch'io scorgo da lontano e che non posso raggiungere mai. Anzi mi pare che s'io fossi con tutto il corpo dentro la fossa, e che rimanessi sopra terra solamente col capo, mi vedrei sempre quel lume sfolgorare sugli occhi. Oh Gloria! Tu mi corri sempre dinanzi, e così mi lusinghi a un viaggio a cui le mie piante non reggono più. Ma dal giorno che tu più non sei la mia sola e prima passione, il tuo risplendente fantasma comincia a spegnersi e a barcollare: cade e si risolve in un mucchio d'ossa e di ceneri fra le quali io veggio sfavillar tratto tratto alcuni languidi raggi; ma ben presto io passerò camminando sopra il tuo scheletro, sorridendo della mia delusa ambizione. Quante volte vergognando di morire ignoto al mio secolo ho accarezzato io medesimo le mie angosce mentre mi sentiva tutto il bisogno e il coraggio di terminarle! Né avrei forse sopravvissuto alla mia patria, se non mi

98. Strumento.
99. Preferirei, sceglierei.

avesse rattenuto il folle timore, che la pietra posta sopra il mio cadavere non seppellisse ad un tempo il mio nome. Lo confesso; sovente ho guardato con una specie di compiacenza le miserie d'Italia, poiché mi parea che la fortuna e il mio ardire riserbassero forse anche a me il merito di liberarla. Io lo diceva jer sera al Parini: «Addio: ecco il messo del banchiere che viene a pigliar questa lettera; e il foglio tutto pieno mi dice di finire». Pur ho a dirti ancora assai cose: protrarrò di spedirtela sino a sabato; e continuerò a scriverti. Dopo tanti anni di sì affettuosa e leale amicizia, eccoci, e forse eternamente, disgiunti. A me non resta altro conforto che di gemere teco scrivendoti; e così mi libero alquanto da' miei pensieri; e la mia solitudine diventa assai meno spaventosa. Sai quante notti io mi risveglio, e m'alzo, e aggirandomi lentamente per le stanze t'invoco! Siedo e ti scrivo; e quelle carte sono tutte macchiate di pianto e piene de' miei pietosi delirj e de' miei feroci proponimenti. Ma non mi dà il cuore d'inviartele. Ne serbo taluna, e molte ne brucio. Quando poi il Cielo mi manda questi momenti di calma, io ti scrivo con quanto più di fermezza mi è possibile per non contristarti del mio immenso dolore. Né mi stancherò di scriverti; tutt'altro conforto è perduto; né tu, mio Lorenzo, ti stancherai di leggere queste carte ch'io senza vanità, senza studio e senza rossore ti ho sempre scritto ne' sommi piaceri e ne' sommi dolori dell'anima mia. Serbale. Presento che un dì ti saranno necessarie per vivere, almeno come potrai, col tuo Jacopo.

Jer sera dunque io passeggiava con quel vecchio venerando nel sobborgo orientale della città sotto un boschetto di tigli. Egli si sosteneva da una parte sul mio braccio, dall'altra sul suo bastone: e talora guardava gli storpj suoi piedi, e poi senza dire parola volgevasi a me, quasi si dolesse di quella sua infermità, e mi ringraziasse della pazienza con la quale io lo accompagnava. S'assise sopra uno di que' sedili ed io con lui: il suo servo ci stava poco discosto. Il Parini è il personaggio più dignitoso e più eloquente ch'io m'abbia mai conosciuto; e d'altronde un profondo, generoso, meditato dolore a chi non dà somma eloquenza? Mi parlò a lungo della sua patria, e fremeva e per le antiche tirannidi e per la nuova licenza. Le lettere prostituite; tutte le passioni languenti e degenerate in una indolente vilissima corruzione: non più la sacra ospitalità, non la benevolenza, non più l'amore figliale; e poi mi tesseva gli annali recenti, e i delitti di tanti uomiciattoli ch'io degnerei di nominare, se le loro scelleraggini mostrassero il vigore d'animo, non dirò di Silla e di Catilina, ma di quegli animosi masnadieri che affrontano il misfatto quantunque e' si vedano presso il patibolo – ma ladroncelli, tremanti, saccenti – più onesto insomma è tacerne. A quelle parole io m'infiammava di un sovrumano furore, e sorgeva gridando: Ché non si tenta? Morremo? Ma frutterà dal nostro sangue il vendicatore. Egli mi guardò attonito: gli occhi miei in quel dubbio chiarore scintillavano spaventosi, e il mio dimesso e pallido aspetto si rialzò con aria minaccevole: io taceva, ma si sentiva ancora un fremito rumoreggiare cupamente dentro il mio petto. E ripresi: Non avremo salute mai? Ah se gli uomini si conducessero sempre al fianco la morte, non servirebbero sì vilmente. Il Parini non apria bocca; ma stringendomi il braccio, mi guardava ogni ora più fisso. Poi mi trasse, come accennandomi perch'io tornassi a sedermi: E pensi, tu, proruppe, che s'io discernessi un barlume di libertà, mi perderei ad onta della mia inferma vecchiaja in questi vani lamenti? O giovine degno di patria più grata! se non puoi spegnere quel tuo ardore fatale, ché non lo volgi ad altre passioni?

Allora io guardai nel passato: allora io mi voltava avidamente al futuro, ma io errava sempre nel vano e le mie braccia tornavano deluse senza pur mai stringere nulla; e conobbi tutta tutta la disperazione del mio stato. Narrai a quel generoso Italiano la storia delle mie passioni, e gli dipinsi Teresa come uno di que' genj celesti i quali par che discendano a illuminare la stanza tenebrosa di questa vita. E alle mie parole e al mio pianto, il vecchio pietoso più volte sospirò dal cuore profondo. «No», io gli dissi, «non veggo più che il sepolcro: sono figlio di madre affettuosa e benefica; spesse volte mi sembrò di vederla calcare tremando le mie pedate e seguirmi fino a sommo il monte, donde io stava per diruparmi, e mentre era quasi con tutto il corpo abbandonato nell'aria – essa afferravami per la falda delle vesti, e mi ritraeva, ed io volgendomi non udiva più che il suo pianto. Pure s'ella spiasse tutti gli occulti miei guai, implorerebbe ella stessa dal Cielo il termine degli ansiosi miei giorni. Ma l'unica fiamma vitale che anima ancora questo travagliato mio corpo, è la speranza di tentare la libertà della patria». Egli sorrise mestamente; e poiché s'accorse che la mia voce infiochiva, e i miei sguardi si abbassavano immoti sul suolo, ricominciò: «Forse questo tuo furore di gloria potrebbe trarti a difficili imprese; ma – credimi; la fama degli eroi spetta un quarto alla loro audacia; due quarti alla sorte; e l'altro quarto a' loro delitti. Pur se ti reputi bastevolmente fortunato e crudele per aspirare a questa gloria, pensi tu che i tempi te ne porgano i mezzi? I gemiti di tutte le età, e questo giogo della nostra patria non ti hanno per anco[100] insegnato che non si dee[101] aspettare libertà dallo straniero? Chiunque s'intrica nelle faccende di un paese conquistato non ritrae che il pubblico danno, e la propria infamia. Quando e doveri e diritti stanno su la punta della spada, il forte scrive le leggi col sangue e pretende il sacrificio della virtù. E allora? Avrai tu la fama e il valore di Annibale che profugo cercava per l'universo un nemico al popolo Romano? Né ti sarà dato di essere giusto impunemente. Un giovine dritto e bollente di cuore, ma povero di ricchezze, ed incauto d'ingegno quale sei tu, sarà sempre o l'ordigno del fazioso, o la vittima del potente. E dove tu nelle pubbliche cose possa preservarti incontaminato dalla comune bruttura, oh! Tu sarai altamente laudato; ma spento poscia[102] dal pugnale notturno della calunnia; la tua prigione sarà abbandonata da' tuoi amici, e il tuo

100. Ancora, per nulla.
101. Deve.
102. Poi.

sepolcro degnato appena di un secreto sospiro. Ma poniamo che tu superando e la prepotenza degli stranieri e la malignità de' tuoi concittadini e la corruzione de' tempi, potessi aspirare al tuo intento; di'? Spargerai tutto il sangue col quale conviene nutrire una nascente repubblica? Arderai le tue case con le faci della guerra civile? Unirai col terrore i partiti? Spegnerai con la morte le opinioni? Adeguerai con le stragi le fortune? Ma se tu cadi tra via, vediti esecrato dagli uni come demagogo, dagli altri come tiranno. Gli amori della moltitudine sono brevi ed infausti; giudica, più che dall'intento, dalla fortuna; chiama virtù il delitto utile, e scelleraggine l'onestà che le pare dannosa; e per avere i suoi plausi, conviene o atterrirla, o ingrassarla, e ingannarla sempre. E ciò sia. Potrai tu allora inorgoglito dalla sterminata fortuna reprimere in te la libidine del supremo potere che ti sarà fomentata e dal sentimento della tua superiorità, e della conoscenza del comune avvilimento? I mortali sono naturalmente schiavi, naturalmente tiranni, naturalmente ciechi. Intento tu allora a puntellare il tuo trono, di filosofo saresti fatto tiranno; e per pochi anni di possanza e di tremore, avresti perduta la tua pace, e confuso il tuo nome fra la immensa turba dei despoti. Ti avanza ancora un seggio fra' capitani; il quale si afferra per mezzo di un ardire feroce, di una avidità che rapisce per profondere, e spesso di una viltà per cui si lambe la mano che t'aita a salire. Ma – o figliuolo! L'umanità geme al nascere di un conquistatore; e non ha per conforto se non la speranza di sorridere su la sua bara».

Tacque – ed io dopo lunghissimo silenzio esclamai: «O Cocceo Nerva! Tu almeno sapevi morire incontaminato». Il vecchio mi guardò: «Se tu né speri, né temi fuori di questo mondo», e mi stringeva la mano, «ma io!» alzò gli occhi al Cielo, e quella severa sua fisionomia si raddolciva di soave conforto, come s'ei lassù contemplasse tutte le tue speranze. Intesi un calpestio che s'avanzava verso di noi; e poi travidi[103] gente fra' tiglj; ci riz-

103. Intravidi.

zammo; e l'accompagnai sino alle sue stanze.

Ah s'io non mi sentissi oramai spento quel fuoco celeste che nel tempo della fresca mia gioventù spargeva raggi su tutte le cose che mi stavano intorno, mentre oggi vo brancolando in una vota oscurità! S'io potessi avere un tetto ove dormire sicuro; se non mi fosse conteso di rinselvarmi fra le ombre del mio romitorio; se un amore disperato che la mia ragione combatte sempre, e che non può vincere mai questo amore ch'io celo a me stesso, ma che riarde ogni giorno e che s'è fatto onnipotente, immortale – ahi! la Natura ci ha dotati di questa passione che è indomabile in noi forse più dell'istinto fatale della vita, se io potessi insomma impetrare un anno solo di calma, il tuo povero amico vorrebbe sciogliere ancora un voto e poi morire. Io odo la mia patria che grida: SCRIVI CIÒ CHE VEDESTI. MANDERÒ LA MIA VOCE DALLE ROVINE, E TI DETTERÒ LA MIA STORIA. PIANGERANNO I SECOLI SU LA MIA SOLITUDINE; E LE GENTI SI AMMAESTRERANNO NELLE MIE DISAVVENTURE. IL TEMPO ABBATTE IL FORTE: E I DELITTI DI SANGUE SONO LAVATI NEL SANGUE. E tu lo sai, Lorenzo, avrei coraggio di scrivere; ma l'ingegno va morendo con le mie forze, e vedo che fra pochi mesi avrò fornito questo mio angoscioso pellegrinaggio.

Ma voi pochi sublimi animi che solitarj o perseguitati, su le antiche sciagure della nostra patria fremete, se i cieli vi contendono di lottare contro la forza, perché almeno non raccontate alla posterità i nostri mali? Alzate la voce in nome di tutti, e dite al mondo: Che siamo sfortunati, ma né ciechi né vili; che non ci manca il coraggio, ma la possanza. Se avete braccia in catene, perché inceppate da voi stessi anche il vostro intelletto di cui né i tiranni né la fortuna, arbitri d'ogni cosa, possono essere arbitri mai? Scrivete. Abbiate bensì compassione a' vostri concittadini, e non istigate vanamente le lor passioni politiche; ma sprezzate l'universalità de' vostri contemporanei: il genere umano d'oggi ha le frenesie e la debolezza della decrepitezza; ma l'umano genere, appunto quand'è prossimo a morte, rinasce vigorosissimo.

Scrivete a quei che verranno, e che soli saranno degni d'udirvi, e forti da vendicarvi. Perseguitate con la verità i vostri persecutori. E poi che non potete opprimerli, mentre vivono, co' pugnali, opprimeteli almeno con l'obbrobrio per tutti i secoli futuri. Se ad alcuni di voi è rapita la patria, la tranquillità, e le sostanze; se niuno osa divenire marito; se tutti paventano il dolce nome di padre, per non procreare nell'esilio e nel dolore nuovi schiavi e nuovi infelici, perché mai accarezzate così vilmente la vita ignuda di tutti i piaceri? Perché non la consecrate all'unico fantasma ch'è duce degli uomini generosi, la gloria? Giudicherete l'Europa vivente, e la vostra sentenza illuminerà le genti avvenire. L'umana viltà vi mostra terrori e pericoli; ma voi siete forse immortali? Fra l'avvilimento delle carceri e de' supplicj v'innalzerete sovra il potente, e il suo futuro contro di voi accrescerà il suo vituperio e la vostra fama.

Milano, 6 febbraio 1799

Diriggi le tue lettere a Nizza di Provenza perch'io domani parto verso Francia: e chi sa? Forse assai più lontano: certo che in Francia non mi starò lungamente. Non rammaricarti, o Lorenzo, di ciò; e consola quanto tu puoi la povera madre mia. Tu dirai forse ch'io dovrei fuggire prima me stesso, e che se non v'ha luogo dov'io trovi stanza, sarebbe omai[104] tempo ch'io m'acquetassi. È vero, non trovo stanza; ma qui peggio che altrove. La stagione, la nebbia perpetua, quest'aria morta, certe fisonomie – e poi – forse m'inganno – ma parmi di trovar poco cuore; né posso incolparli; tutto si acquista; ma la compassione e la generosità, e molto più certa delicatezza di animo nascono sempre con noi, e non le cerca se non chi le sente. Insomma domani. E mi si è fitta in fantasia tale necessità di partire, che que-

104. Ormai.

ste ore d'indugio mi pajono anni di carcere.

Malaugurato! perché mai tutti i suoi sensi si risentono soltanto al dolore, simili a quelle membra scorticate che all'alito più blando dell'aria si ritirano? Goditi il mondo com'è, e tu vivrai più riposato e men pazzo. Ma se a chi mi declama sì fatti sermoni, io dicessi: Quando ti salta addosso la febbre, fa che il polso ti batta più lento, e sarai sano - non avrebbe egli ragione da credermi farneticante di peggior febbre? come dunque potrò io dar leggi al mio sangue che fluttua rapidissimo? E quando urta nel cuore io sento che vi si ammassa bollendo, e poi sgorga impetuosamente; e spesso all'improvviso e talora fra il sonno par che voglia spaccarmisi il petto. O Ulissi! eccomi ad obbedire alla vostra saviezza, a patti ch'io, quando vi veggo dissimulatori, agghiacciati, incapaci di soccorrere alla povertà senza insultarla, e di difendere il debole dalla ingiustizia; quando vi veggo, per isfamare[105] le vostre plebee passioncelle, prostrati appié del potente che odiate e che vi disprezza, allora io possa trasfondere in voi una stilla di questa mia fervida bile che pure armò spesso la mia voce e il mio braccio contro la prepotenza; che non mi lascia mai gli occhi asciutti né chiusa la mano alla vista della miseria; e che mi salverà sempre dalla bassezza. Voi vi credete savi, e il mondo vi predica onesti: ma toglietevi la paura! Non vi affannate dunque; le parti sono pari: Dio vi preservi dalle mie *pazzie*; ed io lo prego con tutta l'espansione dell'anima perché mi preservi dalla vostra *saviezza*. - E s'io scorgo costoro, anche quando passano senza vedermi, io corro subitamente a cercare rifugio nel tuo petto, o Lorenzo. Tu rispetti amorosamente le mie passioni, quantunque tu abbia sovente veduto il leone ammansarsi alla sola tua voce. Ma ora! Tu il vedi: ogni consiglio e ogni ragione è funesta per me. Guai s'io non obbedissi al mio cuore! La Ragione? È come il vento; ammorza le faci, ed anima gl'incendj. Addio frattanto.

105. "*i*" prostetica.

Ore 10, della mattina

Ripenso – e sarà meglio che tu non mi scriva finché tu non abbia mie lettere. Prendo il cammino delle Alpi Liguri per iscansare[106] i ghiacci del Moncenis: sai quanto micidiale m'è il freddo.

Ore 1

Nuovo inciampo: hanno a passare ancora due giorni prima ch'io riabbia il passaporto. Consegnerò questa lettera nel punto ch'io sarò per salire in calesse.

8 febbraio, ore 1 1/2

Eccomi con le lagrime su le tue lettere. Riordinando le mie carte mi sono venuti sott'occhio questi pochi versi che tu mi scrivevi sotto una lettera di mia madre due giorni innanzi ch'io abbandonassi i miei colli. «T'accompagnano tutti i miei pensieri, o mio Jacopo: t'accompagnano i miei voti, e la mia amicizia, che vivrà eterna per te. Io sarò sempre l'amico tuo e il tuo fratello d'amore; e dividerò teco anche l'anima mia». Sai tu ch'io vo ripetendo queste parole, e mi sento sì fieramente percosso che sono in procinto di venire a gittarmiti al collo e a spirare fra le tue braccia? Addio addio. Tornerò.

Ore 3

Sono andato a dire addio al Parini. «Addio», mi disse, «o giovine sfortunato. Tu porterai da per tutto e sempre con te le tue

106. Vedi nota precedente.

generose passioni alle quali non potrai soddisfare giammai. Tu sarai sempre infelice. Io non posso consolarti co' miei consiglj, perché neppure giovano alle sventure mie derivanti dal medesimo fonte. Il freddo dell'età ha intorpidito le mie membra; ma il cuore veglia ancora. Il solo conforto ch'io possa darti è la mia pietà: e tu la porti tutta con te. Fra poco io non vivrò più, ma se le mie ceneri serberanno alcun sentimento, se troverai qualche sollievo querelandoti su la mia sepoltura, vieni». Io proruppi in dirottissime lagrime, e lo lasciai: ed uscì seguendomi con gli occhi mentr'io fuggiva per quel lunghissimo corridojo, e intesi che ei tuttavia mi diceva con voce piangente: «Addio».

Ore 9 della sera

Tutto è in punto: I cavalli sono ordinati per la mezzanotte; vado a coricarmi così vestito sino a che giungano: mi sento sì stracco! Addio frattanto; addio Lorenzo. Scrivo il tuo nome e ti saluto con tenerezza e con certa superstizione ch'io non ho provato mai mai. Ci rivedremo, se mai dovessi! No, io non morrei senza rivederti e senza ringraziarti per sempre, e te, mia Teresa: ma poiché il mio infelicissimo amore costerebbe la tua pace ed il pianto della tua famiglia, io fuggo senza sapere dove mi trascinerà il mio destino: l'Alpi e l'Oceano e un mondo intero, s'è possibile, ci divida.

Genova, 11 febbraio

Ecco il Sole più bello! Tutte le mie fibre sono in un tremito soave perché risentono la giocondità di questo Cielo raggiante e salubre. Sono pure contento di essere partito! Proseguirò fra poche ore; non so ancora dirti dove mi fermerò, né quando terminerà il mio viaggio: ma per li 16 sarò in Tolone.

Dalla Pietra, 15 febbraio

Strade alpestri, montagne orride dirupate, tutto il rigore del tempo, tutta la stanchezza e i fastidj del viaggio, e poi?

Nuovi tormenti e nuovi tormentati.

Scrivo da un paesetto appié delle Alpi Marittime. E mi fu forza di sostare perché la posta è senza cavalcatura; né so quando potrò partire. Eccomi dunque sempre con te, e sempre con nuove afflizioni: sono destinato a non movere passo senza incontrare lungo la mia via dolore. In questi due giorni io usciva verso mezzodì un miglio forse lungi dall'abitato, passeggiando fra certi oliveti che stanno verso la spiaggia del mare: io vado a consolarmi a' raggi del Sole, e a bere di quel aere vivace; quantunque anche in questo tepido clima il verno di questo anno è clemente meno assai dell'usato. E là mi pensava di essere tutto solo, o almeno sconosciuto a que' viventi che passavano; ma appena mi ridussi a casa, Michele il quale salì a ravviarmi il fuoco, mi venia raccontando, come certo uomo quasi mendico capitato poc'anzi in questa balorda osteria gli chiese, s'io era un giovine che avea già tempo studiato in Padova; non gli sapea dire il nome, ma porgeva assai contrassegni e di me e di que' tempi, e nominava te pure: «Davvero», seguì a dire Michele, «io mi trovava imbrogliato»; gli risposi nonostante ch'ei s'apponeva: parlava veneziano; ed è pure la dolce cosa il trovare in queste solitudini un compatriota: «E poi è così stracciato! Insomma io gli promisi – forse può dispiacere al signore ma mi ha fatto tanta compassione ch'io gli promisi – di farlo venire; anzi sta qui fuori». «E venga», io dissi a Michele, «e aspettandolo mi sentiva tutta la persona inondata d'una subitanea tristezza. Il ragazzo rientrò con un uomo alto, macilento; parea giovine e bello; ma il suo volto era contraffatto dalle rughe del dolore. Fratello! Io era impellicciato e al fuoco; stava gittato oziosamente nella seggiola vicina il mio larghissimo tabarro; l'oste andava su e giù allestendomi da desinare, e quel misero era appena in farsetto di tela ed io intirizziva solo a guardarlo. Forse la mia mesta accoglienza e il meschino suo stato l'hanno disanimato alla prima; ma poi da poche mie parole s'accorse che il tuo Jacopo non è nato per disanimare gl'infelici; e s'assise con me a riscaldarsi, narrandomi quest'ultimo lagrimevole anno della sua vita. Mi disse: «Io conobbi famigliarmente uno scolare che era dì e notte a Padova con voi», e ti nominò, «quanto tempo è ormai ch'io non ne odo novella! Ma spero che la fortuna non gli sarà così iniqua. Io studiava allora», non ti dirò, mio Lorenzo, chi egli è. Dovrò io contristarti con le sciagure di un uomo che hai conosciuto felice, e che tu forse ami ancora? È troppo anche se la sorte ti ha condannato ad affliggerti sempre per me.

Ei proseguiva: Oggi venendo da Albenga, prima di arrivare nel paese v'ho scontrato lungo la marina. Voi non vi siete avveduto com'io mi voltava spesso a considerarvi, e mi parea di avervi raffigurato; ma non conoscendovi che di vista, ed essendo scorsi quattro anni, sospettava di sbagliare. Il vostro servo poi mi accertò.

Lo ringraziai perch'ei fosse venuto a vedermi; gli parlai di te; «E voi mi siete anche più grato», gli dissi, «perché m'avete recato il nome di Lorenzo». Non ti ripeterò il suo doloroso racconto. Emigrò per la pace di Campo Formio, e s'arruolò Tenente nell'artiglieria Cisalpina. Querelandosi un giorno delle fatiche e delle angarie che gli parea di sopportare, gli fu da un amico suo proferito un impiego. Abbandonò la milizia. Ma l'amico, l'impiego, e il tetto gli mancarono. Tapinò[107] per l'Italia, e s'imbarcò a Livorno. Ma mentr'esso parlava, io udiva nella camera contigua un rammarichio di bambino e un sommesso lamento; e m'avvidi ch'egli andavasi soffermando, e ascoltava con certa ansietà: e quando quel rammarichio taceva, ei ripigliava.

«Forse», gli diss'io, «saranno passaggeri giunti pur ora». «No», mi rispose; «è la mia figlioletta di tredici mesi che piange».

107. Affannarsi vagando.

E seguì a narrarmi, ch'ei mentre era Tenente s'ammogliò a una fanciulla di povero stato, e che le perpetue marcie a cui la giovinetta non potea reggere, e lo scarso stipendio lo stimolarono anche più a confidare in colui che poi lo tradì. Da Livorno navigò a Marsiglia, così alla ventura: e si trascinò per tutta Provenza; e poi nel Delfinato, cercando d'insegnare l'Italiano, senza mai potersi trovare né lavoro né pane; ed ora tornavasi d'Avignone a Milano. Io mi rivolgo addietro, continuò, e guardo il tempo passato, e non so come sia passato per me. Senza danaro; seguitato sempre da una moglie estenuata, co' piedi laceri, con le braccia spossate dal continuo peso di una creatura innocente che domanda alimento all'esausto petto di sua madre, e che strazia con le sue strida le viscere degli sfortunati suoi genitori, mentre non possiamo acquetarla con la ragione delle nostre disgrazie. Quante giornate arsi, quante notti assiderati abbiamo dormito nelle stalle fra' giumenti, o come le bestie nelle caverne! Cacciato di città in città da tutti i governi, perché la mia indigenza mi serrava la porta de' magistrati, o non mi concedeva di dar conto di me: e chi mi conosceva, o non volle più conoscermi, o mi voltò le spalle. «E sì», gli diss'io, «so che in Milano e altrove molti de' nostri concittadini emigrati sono tenuti liberali». «Dunque», soggiunse, «la mia fiera fortuna li ha fatti crudeli unicamente per me. Anche le persone di ottimo cuore si stancano di fare del bene; sono tanti i tapini! Io non lo so – ma il tale – il tale (e i nomi di questi uomini ch'io scopriva così ipocriti mi erano, Lorenzo, tante coltellate nel cuore) chi mi ha fatto aspettare assai volte vanamente alla sua porta; chi dopo sviscerate promesse, mi fe' camminare molte miglia sino al suo casino di diporto, per farmi la limosina di poche lire: il più umano mi gittò un tozzo di pane senza volermi vedere; e il più magnifico mi fece così sdruscito[108] passare fra un corteggio di famigli e di convitati, e dopo d'avermi rammemorata la scaduta prospe-

108. Mi umiliò.

rità della mia famiglia, e inculcatomi lo studio e la probità, mi disse amichevolmente che non mi rincrescesse di ritornare domattina per tempo. Tornatomi, ritrovai nell'anticamera tre servidori, uno de' quali mi disse che il padrone dormiva; e mi pose nelle mani due scudi e una camicia. Ah signore! Non so se voi siete ricco; ma il vostro aspetto, e que' sospiri mi dicono che voi siete sventurato e pietoso. Credetemi; io vidi per prova che il danaro fa parere benefico anche l'usurajo, e che l'uomo splendido di rado si degna di locare il suo beneficio fra' cenci. Io taceva; ed ei rizzandosi per accommiatarsi riprese a dire: «I libri m'insegnavano ad amare gli uomini e la virtù; ma i libri, gli uomini e la virtù mi hanno tradito. Ho dotta la testa; sdegnato il cuore; e le braccia inette ad ogni utile mestiere. Se mio padre udisse dalla terra ove sta seppellito con che gemito grave io lo accuso di non avere fatti i suoi cinque figliuoli legnajuoli o sartori! Per la misera vanità di serbare la nobiltà senza la fortuna, ha sprecato per noi tutto quel poco che ei possedeva, nelle università e nel bel mondo. E noi frattanto? Non ho mai saputo che si abbia fatto la fortuna degli altri fratelli miei. Scrissi molte lettere; non però vidi risposta: o sono miseri, o sono snaturati. Ma per me, ecco il frutto delle ambiziose speranze del padre mio. Quante volte io sono condotto o dalla notte, o dalla fame a ricoverarmi in una osteria; ma entrandovi, non so come pagherò la mattina imminente. Senza scarpe, senza vesti». «Ah copriti!» gli diss'io, rizzandomi; e lo coprii del mio tabarro. E Michele, che essendo venuto già in camera per qualche faccenda vi s'era fermato poco discosto ascoltando, si avvicinò asciugandosi gli occhi col rovescio della mano, e gli aggiustava in dosso quel tabarro: ma con certo rispetto, come s'ei temesse d'insultare alla scaduta fortuna di quella persona così ben nata.

O Michele! Io mi ricordo che tu potevi vivere libero sino al dì che tuo fratello maggiore avviando una botteghetta, ti chiamò seco; eppure sceglièsti di rimanerti con me, benché servo: io noto l'amoroso rispetto per cui tu dissimuli gl'impeti miei fantastici; e taci anche le tue ragioni ne' momenti dell'ingiusta mia collera: e vedo con quanta ilarità te la passi fra le noje della mia solitudine; e vedo la fede con che sostieni i travaglj di questo mio pellegrinaggio. Spesso col tuo giovale sembiante mi rassereni; ma quando io taccio le intere giornate, vinto dal mio nerissimo umore, tu reprimi la gioja del tuo cuore contento per non farmi accorgere del mio stato. Pure! questo atto gentile verso quel disgraziato ha santificata la mia riconoscenza verso di te. Tu se' il figliuolo della mia nutrice, tu se' allevato nella mia casa; né io t'abbandonerò mai. Ma io t'amo ancor più poiché mi avvedo che il tuo stato servile avrebbe forse indurita la bella tua indole, se non ti fosse stata coltivata dalla mia tenera madre, da quella donna che con l'animo suo delicato, e co' soavi suoi modi fa cortese e amoroso tutto quello che vive in lei.

Quando fui solo, diedi a Michele quel più che ho potuto; ed esso, mentre io desinava, lo recò a quel derelitto. Appena mi sono risparmiato tanto da arrivare a Nizza dove negozierò le cambiali ch'io né banchi di Genova mi feci spedire per Tolone e Marsiglia. Stamattina quando ei, prima di andarsene, è venuto con la sua moglie e con la sua creatura per ringraziarmi, ed io vedeva con quanto giubilo mi replicava: «Senza di voi io sarei oggi andato cercando il primo spedale», io non ho avuto animo di rispondergli; ma il mio cuore dicevagli: «Ora tu hai come vivere per quattro mesi, per sei – e poi? La bugiarda speranza ti guida intanto per mano, e l'ameno viale dove t'innoltri[109] mette forse a un sentiero più disastroso. Tu cercavi il primo spedale – e t'era forse poco discosto l'asilo della fossa. Ma questo mio poco soccorso, né la sorte mi concede di ajutarti davvero, ti ridarà più vigore da sostenere di nuovo e per più tempo que' mali che già t'avevano quasi consunto e liberato per sempre. Goditi intanto del presente, ma quanti disagi hai pur dovuto durare perché questo tuo stato, che a molti pure sarebbe affannoso, a te

109. Forma arcaica.

paja sì lieto! Ah se tu non fossi padre e marito, io ti darei forse un consiglio!» e senza dirgli parola, l'ho abbracciato; e mentre partivano, io li guardava, stretto d'un crepacuore mortale.

Jer sera spogliandomi io pensava: Perché mai quell'uomo emigrò dalla sua patria? Perché s'ammogliò? Perché mai lasciò un pane sicuro? E tutta la storia di lui pareva il romanzo di un pazzo; ed io sillogizzava cercando ciò ch'egli per non strascinarmi dietro tutte quelle sciagure, avrebbe potuto fare, o non fare. Ma siccome ho più volte udito infruttuosamente ripetere sì fatti *perché*, ed ho veduto che tutti fanno da medici nelle altrui malattie, io sono andato a dormire borbottando: «O mortali che giudicate inconsiderato tutto quello che non è prospero, mettetevi una mano sul petto e poi confessate – siete più savj, o più fortunati?»

Or credi tu vero tutto ciò ch'ei narrava? Io? Credo ch'egli era mezzo nudo, ed io vestito; ho veduto una moglie languente; ho udito le strida di una bambina. Mio Lorenzo, si vanno pure cercando con la lanterna nuove ragioni contro del povero perché si sente nella coscienza il diritto che la Natura gli ha dato su le sostanze del ricco. Eh! Le sciagure non derivano per lo più che da' vizj; e in costui forse derivarono da un delitto. Forse? Per me non lo so, né lo indago. Io giudice, condannerei tutti i delinquenti; ma io uomo, ah! Penso al ribrezzo col quale nasce la prima idea del delitto; alla fame e alle passioni che strascinano a consumarlo; agli spasimi perpetui; al rimorso con che l'uomo si sfama del frutto insanguinato dalla colpa, alle carceri che il reo si mira sempre spalancate per seppellirlo – e se poi scampando dalla giustizia, ne paga il fio col disonore e con l'indigenza, dovrò io abbandonarlo alla disperazione ed a nuovi delitti? È egli solo colpevole? La calunnia, il tradimento del secreto, la seduzione, la malignità, la nera ingratitudine sono delitti più atroci, ma sono essi neppur minacciati? E chi dal delitto ha ricavato campi ed onore! O legislatori, o giudici, punite: ma talvolta aggiratevi ne' tuguri della plebe e ne' sobborghi di tutte le città capitali, e vedrete ogni giorno un quarto della popolazione che svegliandosi su la paglia non sa come placare le supreme necessità della vita. Conosco che non si può rimutare la società; e che l'inedia, le colpe, e i supplizj sono anch'essi elementi dell'ordine e della prosperità universale; però si crede che il mondo non possa reggersi senza giudici né senza patiboli; ed io lo credo poiché tutti lo credono. Ma io? non sarò giudice mai. In questa gran valle dove l'umana specie nasce, vive, muore, si riproduce, s'affanna, e poi torna a morire, senza saper come né perché, io non distinguo che fortunati e sfortunati. E se incontro un infelice, compiango la nostra sorte; e verso quanto balsamo posso su le piaghe dell'uomo: ma lascio i suoi meriti e le sue colpe su la bilancia di Dio.

Ventimiglia, 19 e 20 febbraio

Tu sei disperatamente infelice; tu vivi fra le agonie della morte, e non hai la sua tranquillità: ma tu dèi tollerarle per gli altri. Così la Filosofia domanda agli uomini un eroismo da cui la Natura rifugge. Chi odia la propria vita può egli amare il minimo bene che è incerto di recare alla Società e sacrificare a questa lusinga molti anni di pianto? E come potrà sperare per gli altri colui che non ha desiderj, né speranze per sé; e che abbandonato da tutto, abbandona se stesso? – Non sei misero tu solo. – Pur troppo! Ma questa consolazione non è anzi argomento dell'invidia secreta che ogni uomo cova dell'altrui prosperità? La miseria degli altri non iscema[110] la mia. Chi è tanto generoso da addossarsi le mie infermità? E chi anco volendo, il potrebbe? Avrebbe forse più coraggio da comportarle; ma cos'è il coraggio voto di forza? Non è vile quell'uomo che è travolto dal corso irresistibile di una fiumana; bensì chi ha forze da salvarsi e non le adopra. Ora dov'è il sapiente che possa costituirsi giudi-

110. *"i"* prostetica.

ce delle nostre intime forze? Chi può dare norma agli effetti delle passioni nelle varie tempre degli uomini e delle incalcolabili circostanze onde decidere: Questi è un vile, perché soggiace; quegli che sopporta, è un eroe? Mentre l'amore della vita è così imperioso che più battaglia avrà fatto il primo per non cedere, che il secondo per sopportare.

Ma i debiti i quali tu hai verso la Società? Debiti? Forse perché mi ha tratto dal libero grembo della Natura, quand'io non aveva né la ragione, né l'arbitrio di acconsentirvi, né la forza di oppormivi, e mi educò fra' suoi bisogni e fra' suoi pregiudizj? Lorenzo, perdona s'io calco troppo su questo discorso tanto da noi disputato. Non voglio smoverti dalla tua opinione sì avversa alla mia; vo' bensì dileguare ogni dubbio da me. Saresti convinto al pari di me, se ti sentissi le piaghe mie; il Cielo te le risparmi! Ho io contratto questi debiti spontaneamente? E la mia vita dovrà pagare, come uno schiavo, i mali che la Società mi procaccia, solo perché gli intitola beneficj? E sieno beneficj: ne godo e li ricompenso fino che vivo; e se nel sepolcro non le sono io di vantaggio, qual bene ritraggo io da lei nel sepolcro? O amico mio! ciascun individuo è nemico nato della Società, perché la Società è necessaria nemica degli individui. Poni che tutti i mortali avessero interesse di abbandonare la vita, credi tu che la sosterrebbero per me solo? E s'io commetto un'azione dannosa a' più, io sono punito; mentre non mi verrà fatto mai di vendicarmi delle loro azioni, quantunque ridondino in sommo mio danno. Possono ben essi pretendere ch'io sia figliuolo della grande famiglia; ma io rinunziando e a' beni e a' doveri comuni posso dire: Io sono un mondo in me stesso: e intendo d'emanciparmi perché mi manca la felicità che mi avete promesso. Che s'io dividendomi non trovo la mia porzione di libertà; se gli uomini me l'hanno invasa perché sono più forti; se mi puniscono perché la ridomando – non gli sciolgo io dalle loro bugiarde promesse e dalle mie impotenti querele cercando scampo sotterra? Ah! Que' filosofi che hanno evangelizzato le umane virtù, la probità naturale, la reciproca benevolenza – sono inavvedutamente apostoli degli astuti, ed adescano quelle poche anime ingenue e bollenti le quali amando schiettamente gli uomini per l'ardore di essere riamate, saranno sempre vittime tardi pentite della loro leale credulità.

Eppur quante volte tutti questi argomenti della ragione hanno trovato chiusa la porta del mio cuore, perch'io tuttavia mi sperava di consecrare i miei tormenti all'altrui felicità! Ma! Per il nome d'Iddio, ascolta e rispondimi. A che vivo? Di che pro ti son io, io fuggitivo fra queste cavernose montagne? Di che onore a me stesso, alla mia patria, a' miei cari? V'ha egli diversità da queste solitudini alla tomba? La mia morte sarebbe per me la meta de' guai, e per voi tutti la fine delle vostre ansietà sul mio stato. Invece di tante ambasce continue, io vi darei un solo dolore – tremendo, ma ultimo: e sareste certi della eterna mia pace. I mali non ricomprano la vita.

E penso ogni giorno al dispendio di cui da più mesi sono causa a mia madre; né so come ella possa far tanto. S'io mi tornassi, troverei casa nostra vedova del suo splendore. E incominciava già ad oscurarsi, molto innanzi ch'io mi partissi, per le pubbliche e private estorsioni le quali non restano di percuoterci. Né però quella madre benefattrice cessa dalle sue cure: trovai dell'altro denaro a Milano; ma queste affettuose liberalità le scemeranno certamente quegli agi fra' quali nacque. Pur troppo fu moglie mal avventurata! le sue sostanze sostengono la mia casa che rovinava per le prodigalità di mio padre; e l'età di lei mi fa ancora più amari questi pensieri. Se sapesse! Tutto è vano per lo sfortunato suo figliuolo. E s'ella vedesse qui dentro – se vedesse le tenebre e la consunzione dell'anima mia! Deh! Non gliene parlare, o Lorenzo: ma vita è questa? Ah sì! Io vivo ancora; e l'unico spirito de' miei giorni è una sorda speranza che li rianima sempre, e che pure tento di non ascoltare: non posso – e s'io voglio disingannarla, la si converte in disperazione infernale. Il tuo giuramento, o Teresa, proferirà ad un tempo la mia sentenza

– ma finché tu se' libera; e il nostro amore è tuttavia nell'arbitrio delle circostanze – dell'incerto avvenire – e della morte, tu sarai sempre mia. Io ti parlo, e ti guardo, e ti abbraccio: e mi pare che così da lontano tu senta l'impressioni de' miei baci e delle mie lagrime. Ma quando tu sarai offerita[111] dal padre tuo come olocausto di riconciliazione su l'altare di Dio – quando il tuo pianto avrà ridata la pace alla tua famiglia – allora, non io, ma la disperazione sola, e da sé, annienterà l'uomo e le sue passioni. E come può spegnersi, mentre vivo, il mio amore? E come non ti sedurranno sempre nel tuo secreto le sue dolci lusinghe? Ma allora più non saranno sante e innocenti. Io non amerò, quando sarà d'altri, la donna che fu mia – amo immensamente Teresa; ma non la moglie d'Odoardo – ohimè! Tu forse mentre scrivo sei nel suo letto! Lorenzo! Ahi Lorenzo! Eccolo quel demonio mio persecutore; torna a incalzarmi, a premermi, a investirmi, e m'accieca l'intelletto, e mi ferma perfino le palpitazioni del cuore, e mi fa tutto ferocia, e vorrebbe il mondo finito con me. «Piangete tutti», e perché mi caccia fra le mani un pugnale, e mi precede, e si volge guardando se io lo sieguo, e mi addita dov'io devo ferire? Vieni tu dall'altissima vendetta del Cielo? E così nel mio furore e nelle mie superstizioni io mi prostendo su la polvere a scongiurare orrendamente un Dio che non conosco, che altre volte ho candidamente adorato, ch'io non offesi, di cui dubito sempre – e poi tremo, e l'adoro. Dov'io cerco ajuto? non in me, non negli uomini: la Terra io la ho insanguinata, e il Sole è negro.

Alfine eccomi in pace! Che pace? Stanchezza, sopore di sepoltura. Ho vagato per queste montagne. Non v'è albero, non tugurio, non erba. Tutto è bronchi; aspri e lividi macigni; e qua e là molte croci che segnano il sito de' viandanti assassinati. Là giù è il Roja, un torrente che quando si disfanno i ghiacci precipita dalle viscere delle Alpi, e per gran tratto ha spaccato in due questa

111. Offerta.

immensa montagna. V'è un ponte presso alla marina che ricongiunge il sentiero. Mi sono fermato su quel ponte, e ho spinto gli occhi sin dove può giungere la vista; e percorrendo due argini di altissime rupi e di burroni cavernosi, appena si vedono imposte su le cervici dell'Alpi altre Alpi di neve che s'immergono nel Cielo e tutto biancheggia e si confonde – da quelle spalancate Alpi cala e passeggia ondeggiando la tramontana, e per quelle fauci invade il Mediterraneo. La Natura siede qui solitaria e minacciosa, e caccia da questo suo regno tutti i viventi.

I tuoi confini, o Italia, son questi! Ma sono tutto dì sormontati d'ogni parte dalla pertinace avarizia delle nazioni. Ove sono dunque i tuoi figli? Nulla ti manca se non la forza della concordia. Allora io spenderei gloriosamente la mia vita infelice per te: ma che può fare il solo mio braccio e la nuda mia voce? Ov'è l'antico terrore della tua gloria? Miseri! Noi andiamo ogni dì memorando la libertà e la gloria degli avi, le quali quanto più splendono tanto più scoprono la nostra abbietta schiavitù. Mentre invochiamo quelle ombre magnanime, i nostri nemici calpestano i loro sepolcri. E verrà forse giorno che noi perdendo e le sostanze, e l'intelletto, e la voce, sarem fatti simili agli schiavi domestici degli antichi, o trafficati come i miseri Negri, e vedremo i nostri padroni schiudere le tombe e disseppellire, e disperdere al vento le ceneri di que' Grandi per annientarne le ignude memorie: poiché oggi i nostri fasti ci sono cagione di superbia, ma non eccitamento dell'antico letargo.

Così grido quand'io mi sento insuperbire nel petto il nome Italiano, e rivolgendomi intorno io cerco, né trovo più la mia patria. Ma poi dico: «Pare che gli uomini sieno fabbri delle proprie sciagure; ma le sciagure derivano dall'ordine universale, e il genere umano serve orgogliosamente e ciecamente a' destini. Noi argomentiamo su gli eventi di pochi secoli: che sono eglino nell'immenso spazio del tempo? Pari alle stagioni della nostra vita normale, pajono talvolta gravi di straordinarie vicende, le quali pur sono comuni e necessarj effetti del tutto. L'universo si controbilancia. Le nazioni si divorano perché una non potrebbe sussistere senza i cadaveri dell'altra. Io guardando da queste Alpi l'Italia piango e fremo, e invoco contro agl'invasori vendetta; ma la mia voce si perde tra il fremito ancora vivo di tanti popoli trapassati, quando i Romani rapivano il mondo, cercavano oltre a' mari e a' deserti nuovi imperi da devastare, manomettevano gl'Iddii de' vinti, incatenevano[112] principi e popoli liberissimi, finché non trovando più dove insanguinare i lor ferri, li ritorceano contro le proprie viscere. Così gli Israeliti trucidavano i pacifici abitatori di Canaan, e i Babilonesi poi strascinarono nella schiavitù i sacerdoti, le madri, e i figliuoli del popolo di Giuda. Così Alessandro rovesciò l'impero di Babilonia, e dopo avere passando arsa gran parte della terra, si corrucciava che non vi fosse un altro universo. Così gli Spartani tre volte smantellarono Messene e tre volte cacciarono dalla Grecia i Messeni che pur Greci erano della stessa religione e nipoti de' medesimi antenati. Così sbranavansi gli antichi Italiani finché furono ingojati dalla fortuna di Roma. Ma in pochissimi secoli la regina del mondo divenne preda de' Cesari, de' Neroni, de' Costantini, de' Vandali, e de' Papi. Oh quanto fumo di umani roghi ingombrò il Cielo della America, oh quanto sangue d'innumerabili popoli che né timore né invidia recavano agli Europei, fu dall'Oceano portato a contaminare d'infamia le nostre spiagge! ma quel sangue sarà un dì vendicato e si rovescierà su i figli degli Europei! Tutte le nazioni hanno le loro età. Oggi sono tiranne per maturare la propria schiavitù di domani: e quei che pagavano dianzi vilmente il tributo, lo imporranno un giorno col ferro e col fuoco. La Terra è una foresta di belve. La fame, i diluvj, e la peste sono ne' provvedimenti della Natura come la sterilità di un campo che prepara l'abbondanza per l'anno vegnente: e chi sa? Fors'anche le sciagure di questo globo apparecchiano la prosperità di un altro.

112. *Incatenavano*. Forma arcaica.

Frattanto noi chiamiamo pomposamente virtù tutte quelle azioni che giovano alla sicurezza di chi comanda e alla paura di chi serve. I governi impongono giustizia: ma potrebbero eglino imporla se per regnare non l'avessero prima violata? Chi ha derubato per ambizione le intere province, manda solennemente alle forche chi per fame invola del pane. Onde quando la forza ha rotti tutti gli altrui diritti, per serbarli poscia a se stessa inganna i mortali con le apparenze del giusto, finché un'altra forza non la distrugga. Eccoti il mondo, e gli uomini. Sorgono frattanto d'ora in ora alcuni più arditi mortali; prima derisi come frenetici, e sovente come malfattori, decapitati: che se poi vengono patrocinati dalla fortuna ch'essi credono lor propria, ma che in somma non è che il moto prepotente delle cose, allora sono obbediti e temuti, e dopo morte deificati. Questa è la razza degli eroi, de' capisette, e de' fondatori delle nazioni i quali dal loro orgoglio e dalla stupidità de' volghi si stimano saliti tant'alto per proprio valore; e sono cieche ruote dell'oriuolo[113].

Quando una rivoluzione nel globo è matura, necessariamente vi sono gli uomini che la incominciano, e che fanno de' loro teschj sgabello al trono di chi la compie. E perché l'umana schiatta non trova né felicità né giustizia sopra la terra, crea gli Dei protettori della debolezza e cerca premj futuri del pianto presente. Ma gli Dei si vestirono in tutti i secoli delle armi de' conquistatori: e opprimono le genti con le passioni, i furori, e le astuzie di chi vuole regnare.

Lorenzo, sai tu dove vive ancora la vera virtù? In noi pochi deboli e sventurati; in noi, che dopo avere sperimentati tutti gli errori, e sentiti tutti i guai della vita, sappiamo compiangerli e soccorrerli. Tu o Compassione, sei la sola virtù! Tutte le altre sono virtù usuraje.

Ma mentre io guardo dall'alto le follie e le fatali sciagure della umanità, non mi sento forse tutte le passioni e la debolezza ed

113. Progenitore dell'orologio.

il pianto, soli elementi dell'uomo? Non sospiro ogni dì la mia patria? Non dico a me lagrimando: Tu hai una madre e un amico – tu ami – te aspetta una turba di miseri, a cui se' caro, e che forse sperano in te – dove fuggi? Anche nelle terre straniere ti perseguiranno la perfidia degli uomini e i dolori e la morte: qui cadrai forse, e niuno avrà compassione di te; e tu senti pure nel tuo misero petto il piacere di essere compianto. Abbandonato da tutti, non chiedi tu ajuto dal Cielo? Non t'ascolta; eppure nelle tue afflizioni il tuo cuore torna involontario a lui – va', prostrati; ma all'are domestiche.

O natura! Hai tu forse bisogno di noi sciagurati, e ci consideri come i vermi e gl'insetti che vediamo brulicare e moltiplicarsi senza sapere a che vivano? Ma se tu ci hai dotati del funesto istinto della vita sì che il mortale non cada sotto la soma delle tue infermità ed ubbidisca irrepugnabilmente a tutte le tue leggi, perché poi darci questo dono ancor più funesto della ragione? Noi tocchiamo con mano tutte le nostre calamità ignorando sempre il modo di ristorarle.

Perché dunque io fuggo? E in quali lontane contrade io vado a perdermi? Dove mai troverò gli uomini diversi dagli uomini? O non presento io forse i disastri, le infermità, e la indigenza che fuori della mia patria mi aspettano? Ah no! Io tornerò a voi, o sacre terre, che prime udiste i miei vagiti, dove tante volte ho riposato queste mie membra affaticate, dove ho trovato nella oscurità e nella pace i miei pochi diletti, dove nel dolore ho confidato i miei pianti. Poiché tutto è vestito di tristezza per me, se null'altro posso ancora sperare che il sonno eterno della morte – voi sole, o mie selve, udirete il mio ultimo lamento, e voi sole coprirete con le vostre ombre pacifiche il mio freddo cadavere. Mi piangeranno quegli infelici che sono compagni delle mie disgrazie – e se le passioni vivono dopo il sepolcro, il mio spirito doloroso sarà confortato da' sospiri di quella celeste fanciulla ch'io credeva nata per me, ma che gl'interessi degli uomini e il mio destino feroce mi hanno strappata dal petto.

Alessandria, 29 febbraio

Da Nizza invece d'innoltrarmi[114] in Francia, ho preso la volta del Monferrato. Stasera dormirò a Piacenza. Giovedì scriverò da Rimino. Ti dirò allora – Or addio.

Rimino, 5 marzo

Tutto mi si dilegua. Io veniva a rivedere ansiosamente il Bertola[115]; da gran tempo io non aveva sue lettere – È morto.

Ore 11 della sera

Lo seppi: Teresa è maritata. Tu taci per non darmi la vera ferita, ma l'inferno geme quando la morte il combatte, non quando lo ha vinto. Meglio così, da che tutto è deciso: ed ora anch'io sono tranquillo, incredibilmente tranquillo. Addio. Roma mi sta sempre sul cuore.

Dal frammento seguente che ha la data della sera stessa, apparisce che Jacopo decretò in quel dì di morire. Parecchi altri frammenti, raccolti come questo dalle sue carte, paiono gli ultimi pensieri che lo raffermarono nel suo proponimento; e però li andrò frammentendo secondo le loro date.

Veggo la meta: ho già tutto fermo da gran tempo nel cuore – il modo, il luogo – né il giorno è lontano. Cos'è la vita per me? Il tempo mi divorò i momenti felici: io non la conosco se non nel sentimento del dolore: ed or anche l'illusione mi abbandona – medito sul passato; m'affiso[116] su i dì che verranno; e non

114. Forma desueta.
115. Poeta, autore di poesie campestri.
116. *Mi fisso*. Forma arcaica e poetica.

veggo che nulla. Questi anni che appena giungono a segnare la mia giovinezza, come passarono lenti fra i timori, le speranze, i desideri, gl'inganni, la noja! E s'io cerco la eredità che mi hanno lasciato, non mi trovo che la rimembranza di pochi piaceri che non sono più, e un mare di sciagure che atterrano il mio coraggio, perché me ne fanno paventar di peggiori. Che se nella vita è il dolore, in che più sperare? Nel nulla; o in un'altra vita diversa sempre da questa. Ho dunque deliberato; non odio disperatamente me stesso; non odio i viventi. Cerco da molto tempo la pace; e la ragione mi addita sempre la tomba. Quante volte sommerso nella meditazione delle mie sventure io cominciava a disperare di me! L'idea della morte dileguava la mia tristezza, ed io sorrideva per la speranza di non vivere più. Sono tranquillo, tranquillo imperturbabilmente. Le illusioni sono svanite; i desiderj son morti: le speranze e i timori mi hanno lasciato libero l'intelletto. Non più mille fantasmi ora giocondi ora tristi confondono e traviano la mia immaginazione: non più vani argomenti adulano la mia ragione; tutto è calma. Pentimenti sul passato, noja del presente, e timor del futuro; ecco la vita. La sola morte, a cui è commesso il sacro cangiamento delle cose, promette pace.

Da Ravenna non mi scrisse; ma da quest'altro squarcio si vede ch'ei vi andò in quella settimana.

Non temerariamente, ma con animo consigliato e sicuro. Quante tempeste pria che la Morte potesse parlare così pacatamente con me – ed io così pacato con lei!

Sull'urna tua, Padre Dante! Abbracciandola, mi sono prefisso ancor più nel mio consiglio. M'hai tu veduto? M'hai tu forse, Padre, ispirato tanta fortezza di senno e di cuore, mentr'io genuflesso, con la fronte appoggiata a' tuoi marmi, meditava e l'alto animo tuo, e il tuo amore, e l'ingrata tua patria, e l'esilio, e la povertà, e la tua mente divina? E mi sono scompagnato dall'ombra tua più deliberato e più lieto.

Su l'albeggiar de' 13 marzo smontò a' colli Euganei, e spedì a Venezia Michele, gittandosi, stivalato com'era, subitamente a dormire. Io mi stava appunto con la madre di Jacopo, quando essa, che prima di me si vide innanzi il ragazzo, chiese spaventata: «E mio figlio?» *La lettera di Alessandria non era per anco arrivata, e Jacopo prevenne anche quella di Rimino: noi ci pensavamo ch'ei si fosse già in Francia; perciò l'inaspettato ritorno del servo ci fu presentimento di fiere novelle. Ei narrava:* «Il padrone è in campagna; non può scrivere, perché abbiamo viaggiato tutta notte, dormiva quand'io montava a cavallo. Vengo per avvertire che noi ripartiremo; e credo, da quel che gli ho udito dire, per Roma; se ben mi ricordo, per Roma, e poi per Ancona, dove ci imbarcheremo: per altro il padrone sta bene; ed è quasi una settimana ch'io lo vedo più sollevato. Mi disse che prima di partire verrà a salutar la signora; e però ha mandato qui me ad avvisare; anzi verrà qui domani l'altro, e forse domani». *Il servo pareva lieto, ma il suo dire confuso accrebbe le nostre sollecitudini; né si acquetaron se non il dì appresso, quando Jacopo scrisse, come ripartirebbe per l'Isole già Venete, e che temendo di non ritornare forse più, verrebbe a rivederci e a ricevere la benedizione di sua madre. Questo biglietto andò smarrito.*

*Frattanto nel dì del suo arrivo a' colli Euganei, svegliatosi quattr'ore prima di sera, scese a passeggiare sino presso alla chiesa, tornò, si rivestì, e s'avviò a casa T***. Seppe da un famigliare come da sei giorni erano tutti venuti da Padova, e che a momenti sarebbero tornati dal passeggio. Era quasi sera, e tornavasi a casa. Dopo non molti passi s'accorse di Teresa che veniva con l'Isabellina per mano; e dietro alle figliuole, il signore T*** con Odoardo. Jacopo fu preso da un tremito, e s'accostava perplesso. Teresa appena il conobbe, gridò:* «Eterno Iddio!» *e dando indietro mezzo tramortita si sostenne sul braccio del padre suo. Com'ei fu presso, e che venne ravvisato da tutti, ella non gli disse parola: appena il signore T*** gli stese la ma-*

no; e Odoardo lo salutò asciuttamente. Solo l'Isabellina gli corse addosso, e mentre ei se la prendea su le braccia, essa baciavalo, e lo chiamava il suo Jacopa, e si voltava a Teresa additandolo; ed esso accompagnandosi a loro, parlava sottovoce con la ragazzina. Niuno aprì bocca: Odoardo soltanto gli chiese se andasse a Venezia. «Fra pochi giorni», *rispose. Giunti alla porta, si accomiatò.*

Michele che a nessun patto accettò di riposarsi in Venezia per non lasciare solo il padrone, si tornò a' colli un'ora incirca dopo mezzanotte, e lo trovò seduto allo scrittojo rivedendo le sue carte. Moltissime ne bruciò; parecchie di minor conto le lasciava cadere stracciate sotto al tavolino. Il ragazzo si coricò, lasciando l'ortolano perché ci badasse; tanto più che Jacopo non aveva in tutto quel dì desinato. Infatti poco di poi gli fu recata parte del suo desinare, ed ei ne mangiò attendendo sempre alle carte. Non le esaminò tutte; ma passeggiò per la stanza, poi prese a leggere. L'ortolano che lo vedeva mi disse, che sul finir della notte aprì le finestre, e vi si fermò un pezzo: pare che subito dopo abbia scritto i due frammenti che sieguono: sono in diverse facciate, ma in un medesimo foglio.

Or via: costanza. Eccoti una bragera, scintillante d'infiammati carboni. Ponvi dentro la mano; brucia le vive tue carni: bada; non t'avvilire d'un gemito. A che pro? E a che pro deggio[117] affettare un eroismo che non mi giova?

È notte; alta, perfetta notte. A che veglio immoto su questo libro? Io non imparai se non la scienza di ostentare saviezza quando le passioni non tiranneggiano l'anima. I precetti sono come le medicine, inutili quando la infermità vince tutte le resistenze della Natura.

Alcuni sapienti si vantano d'avere domate le passioni che non hanno mai combattuto: l'origine è questa della loro baldan-

117. *Mi fisso*. Forma arcaica e poetica.

za. Amabile stella dell'alba! Tu fiammeggi dall'oriente, e mandi a questi occhi il tuo raggio – ultimo! Chi l'avria[118] detto sei mesi addietro quando tu comparivi prima degli altri pianeti a rallegrare la notte, e ad accogliere i nostri saluti?

Spuntasse almeno l'aurora! – Forse Teresa si ricorda in questo momento di me – pensiero consolatore! Oh come la beatitudine d'essere amato raddolcisce qualunque dolore!

Ah notturno delirio! va – tu ricominci a sedurmi: passò stagione: ho disingannato me stesso; un partito solo mi resta.

La mattina mandò per una Bibbia ad Odoardo il quale non l'aveva: mandò al parroco, e quando gli fu recata, si chiuse. A mezzodì suonato uscì a spedire la seguente lettera, e tornò a chiudersi.

14 marzo

Lorenzo, ho un secreto che da più mesi mi sta confitto nel cuore: ma l'ora della partenza sta per suonare; ed è tempo ch'io lo deponga dentro il tuo petto.

Questo amico tuo ha sempre davanti un cadavere. - Ho fatto quanto io doveva; quella famiglia è da quel giorno men povera - ma il padre loro rivive più?

In uno di que' giorni del mio forsennato dolore, son oggimai dieci mesi, io cavalcando mi dilungai molte miglia. Era la sera; io vedeva sorgere un tempo nero, e tornando affrettavami: il cavallo divorava la via, e nondimeno i miei sproni lo insanguinavano; e gli abbandonai tutte le briglie sul collo, invocando quasi ch'ei rovinasse e si seppellisse con me. Entrando in un viale tutto alberi, stretto, lunghissimo, vidi una persona – ripresi le briglie; ma il cavallo più s'irritava e più impetuosamente lan-

118. *Mi fisso*. Forma arcaica e poetica.

ciavasi. *«Tienti a sinistra»*, gridai, *«a sinistra!»* Quello sfortunato m'intese; corse a sinistra; ma sentendo più imminente lo scalpito, e in quello stretto sentiero credendosi addosso il cavallo, ritornava sgomentato a diritta, e fu investito, rovesciato, e le zampe gli frantumarono le cervella. In quel violento urto il cavallo stramazzò, balzandomi di sella più passi. Perché rimasi vivo ed illeso? Corsi ove intendeva un lamento di moribondo: l'uomo agonizzava boccone in una palude di sangue: lo scossi: non aveva né voce né sentimento; dopo minuti spirò. Tornai a casa. Quella notte fu anche burrascosa per tutta la Natura; la grandine desolò le campagne; le folgori arsero molti alberi, e il turbine fracassò la cappella di un crocefisso: ed io uscii a perdermi tutta la notte per le montagne con le vesti e l'anima insanguinata, cercando in quello sterminio la pena della mia colpa. Che notte! Credi tu che quel terribile spettro mi abbia perdonato mai? La mattina dopo, assai se ne parlò: si trovò il morto in quel viale, mezzo miglio più lontano, sotto un mucchio di sassi fra due castagni schiantati che attraversavano il cammino; la pioggia che sino all'alba cascò dalle alture a torrenti ve lo strascinò con que' sassi; aveva le membra e la faccia a brani: e fu conosciuto per le strida della moglie che lo cercava. Nessuno fu imputato. Ben mi accusavano nel mio secreto le benedizioni di quella vedova perché ho subitamente collocata la sua figlia al nipote del castaldo; e assegnato un patrimonio al figliuolo che si volle far prete. E jer sera vennero a ringraziarmi di nuovo dicendomi, ch'io gli ho liberati dalla miseria in cui da tanti anni languiva la famiglia di quel povero lavoratore. Ah! Vi sono pure tanti altri miseri come voi; ma hanno un marito ed un padre che li consola con l'amor suo, e che essi non cangierebbero per tutte le ricchezze della terra – e voi!

Così gli uomini nascono a struggersi scambievolmente!

Fuggono da quel viale tutti i villani, e tornandosi da' lavori, per iscansarlo, passano per le praterie. Si dice che le notti vi si sentano spiriti; che l'uccello del mal-augurio siede fra quelle arbori e dopo la mezzanotte urla tre volte; che qualche sera si è veduto passare una persona morta – né io ardisco disingannarli, né ridere di tali prestigj. Ma svelerai tutto dopo la mia morte. Il viaggio è rischioso, la mia salute è incerta; non posso allontanarmi con questo rimorso sepolto. Que' due figliuoli in ogni loro disgrazia e quella vedova sieno sacri nella mia casa. Addio.

Per entro la Bibbia si trovarono, assai giorni dopo, le traduzioni zeppe di cassature e quasi non leggibili di alcuni versi del libro di Job, *del secondo capo dell'*Ecclesiaste, *e di tutto il* cantico di Ezechia.

*Alle quattro dopo mezzodì si trovò a casa T***. Teresa era discesa tutta sola in giardino. Il padre di lei lo accolse affabilmente. Odoardo si fe' a leggere presso un balcone; e dopo non molto posò il libro: ne aprì un altro, e leggendo s'incamminò alle sue stanze. Allora Jacopo prese il primo libro così come fu lasciato aperto da Odoardo; era il volume IV delle tragedie dell'Alfieri: ne scorse una o due pagine; poi lesse forte:*

Chi siete voi?... Chi d'aura aperta e pura
Qui favellò?... Questa? è caligin densa;
Tenebre sono; ombra di morte... Oh mira;
Più mi t'accosta; il vedi? Il Sol d'intorno
Cinto ha di sangue ghirlanda funesta...
Odi tu canto di sinistri augelli?
Lugubre un pianto sull'aere si spande
Che me percote, e a lagrimar mi sforza...
Ma che? Voi pur, voi pur piangete? ...

Il padre di Teresa guardandolo gli diceva: «O mio figlio!» *Jacopo seguitò a leggere sommessamente: aprì a caso quello stesso volume, e tosto posandolo, esclamò:*

...Non diedi a voi per anco
Del mio coraggio prova: ei pur fia pari
Al dolor mio.

*A questi versi Odoardo tornava, e gli udì proferire così efficacemente che si ristette su la porta pensoso. Mi narrava poi il signore T*** che a lui parve in quel momento di leggere la morte sul volto del nostro misero amico; e che in que' giorni tutte le parole di lui ispiravano riverenza e pietà. Favellarono poi del suo viaggio; e quando Odoardo gli chiese se starebbe di molto a tornare:* «Sì», *rispose*, «potrei quasi giurare che non ci rivedremo più. Non ci rivedremo noi più?» *dissegli il signore T*** con voce afflittissima. Allora Jacopo, come per rassicurarlo, lo guardò in viso con aria lieta insieme e tranquilla; e dopo breve silenzio, gli citò sorridendo quel passo del Petrarca:*

Non so; ma forse
Tu starai in terra senza me gran tempo.

Ridottosi a casa su l'imbrunire, si chiuse; né comparì fuori di stanza che la mattina seguente assai tardi. Porrò qui alcuni frammenti ch'io credo di quella notte, quantunque io non sappia assegnare veramente l'ora in cui furono scritti.

Viltà? Or tu che gridi viltà non se' uno di quegl'infiniti mortali che infingardi guardano le loro catene, e non osano piangere, e baciano la mano che li flagella? Che è mai l'uomo? Il coraggio fu sempre dominatore dell'universo perché tutto è debolezza e paura.

Tu m'imputi di viltà, e ti vendi intanto l'anima e l'onore.

Vieni; mirami agonizzare boccheggiando nel mio sangue: non tremi tu? Or chi è il vile? Ma trammi questo coltello dal petto – impugnalo; e di' a te stesso: *Dovrò vivere eterno?* Dolore sommo forte, ma breve e generoso. Chi sa! La fortuna ti prepara una morte più dolorosa e più infame. Confessa. Or che tu tieni quell'arma appuntata deliberatamente sovra il tuo cuore, non ti senti forse capace di ogni alta impresa, e non ti vedi libero padrone de' tuoi tiranni?

Mezzanotte

Contemplo la campagna: guarda che notte serena e pacifica! Ecco la Luna che sorge dietro la montagna. O Luna! Amica Luna. Mandi ora tu forse su la faccia di Teresa un patetico raggio simile a questo che tu diffondi nell'anima mia? Ti ho sempre salutata mentre apparivi a consolare la muta solitudine della Terra: più volte uscendo dalla casa di Teresa ho parlato con te, e tu eri testimonio de' miei delirj: questi occhi molli di lagrime più volte accompagnata in grembo alle nubi che ti ascondevano: ti hanno cercata nelle notti cieche della tua luce. Tu risorgerai, tu risorgerai sempre più bella; ma l'amico tuo cadrà deforme e abbandonato cadavere senza risorgere più. Or ti prego di un ultimo beneficio: quando Teresa mi cercherà fra i cipressi e i pini del monte, illumina co' tuoi raggi la mia sepoltura.

Bell'alba! Ed è pure gran tempo ch'io non m'alzo da un sonno così riposato, e ch'io non ti vedo, o mattino, così rilucente! Ma gli occhi miei erano sempre nel pianto; e tutti i miei pensieri nella oscurità; e l'anima mia nuotava nel dolore.

Splendi, su splendi, o Natura, e riconforta le cure de' mortali. Tu non risplenderai più per me. Ho già sentito tutta la tua bellezza, e t'ho adorata, e mi sono alimentato della tua gioja; e finché io ti vedeva bella e benefica tu mi dicevi con una voce divina: Vivi. Ma nella mia disperazione ti ho poi veduta con le mani grondanti di sangue; la fragranza de' tuoi fiori mi fu pregna di veleno, amari i tuoi frutti; e mi apparivi divoratrice de' tuoi figliuoli adescandoli con la tua bellezza e co' tuoi doni al dolore.

Sarò io dunque ingrato con te? Protrarrò la vita per vederti sì terribile, e bestemmiarti? No, no. Trasformandoti, e acciecandomi alla tua luce non mi abbandoni forse tu stessa, e non mi comandi ad un tempo di abbandonarti? Ah! Ora ti guardo e sospiro; ma io ti vagheggio ancora per la reminiscenza delle passate dolcezze, per la certezza ch'io non dovrò più temerti, e perché sto per perderti. Né io credo di ribellarmi da te fuggendo la vita. La vita e la morte sono del pari tue leggi: anzi una strada concedi al nascere, mille al morire. Se non ci imputi la infermità che ne uccide, vorrai forse imputarne le passioni che hanno gli stessi effetti e la stessa sorgente perché derivano da te, né potrebbero opprimerci se da te non avessero ricevuto la forza? Né tu hai prefisso una età certa per tutti. Gli uomini denno nascere, vivere, morire: ecco le tue leggi: che rileva il tempo e il modo?

Nulla io ti sottraggo di ciò che mi hai dato. Il mio corpo, questa infinitesima parte, ti starà sempre congiunta sotto altre forme. Il mio spirito se morrà con me, si modificherà con me nella massa immensa delle cose – e s'egli è immortale! – la sua essenza rimarrà illesa.

Oh! A che più lusingo la mia ragione? Non odo la solenne voce della Natura? *Io ti feci nascere perché tu anelando alla tua felicità cospirassi alla felicità universale; e quindi per istinto ti diedi l'amor della vita, e l'orror della morte. Ma se la piena del dolore vince l'istinto, che altro puoi tu fare se non correre verso le vie che io ti spiano per fuggir da' tuoi mali? Quale riconoscenza più t'obbliga meco, se la vita ch'io ti diedi per beneficio, ti si è convertita in dolore?*

Che arroganza! Credermi necessario! Gli anni miei sono nello incircoscritto spazio del tempo un attimo impercettibile. Ecco fiumi di sangue che portano tra i fumanti lor flutti recenti mucchj d'umani cadaveri: e sono questi milioni d'uomini sacrificati a mille pertiche di terreno, e a mezzo secolo di fama che due conquistatori si contendono con la vita de' popoli. E temerò io di immolare a me stesso que' dì pochi e dolenti che mi saranno forse rapiti dalle persecuzioni degli uomini, o contaminati dalle colpe?

Cercai quasi con religione tutti i vestigi dell'amico mio nelle sue ore supreme, e con pari religione io scrivo quelle cose che *ho potuto sapere: però non ti dico, o Lettore, se non ciò ch'io vidi, o ciò che mi fu, da chi il vide, narrato. Per quanto io m'abbia indagato, non seppi che abbia egli fatto ne' dì 16, 17, 18 Marzo. Fu più volte a casa T***; ma non vi si fernò mai. Usciva tutti que' dì quasi innanzi giorno, e si ritirava assai tardi: cenava senza dire parola: e Michele mi accerta, che avea notti assai riposate.*

La lettera che siegue non ha data, ma fu scritta addì 19.

Parmi? O Teresa mi sfugge? Essa essa mi sfugge! Tutti[119] – e le sta sempre al fianco Odoardo. Vorrei vederla solo una volta; e sappi ch'io mi sarei già partito – tu pure m'affretti ognor più! Ma sarei partito, se avessi potuto bagnarle una volta la mano di lagrime. Gran silenzio in tutta quella famiglia! Salendo le scale temo d'incontrare Odoardo – parlandomi, non mi nomina mai Teresa. Ed è pur poco discreto! Sempre, anche dianzi, m'interroga quando e come partirò. Mi sono arretrato improvvisamente da lui – perché davvero mi parea ch'ei sogghignasse; e l'ho fuggito fremendo.

Torna a spaventarmi quella terribile verità ch'io già svelava con raccapriccio – e che mi sono poscia assuefatto a meditare con rassegnazione: *Tutti siamo nemici*. Se tu potessi fare il processo de' pensieri di chiunque ti si para davanti, vedresti ch'ei ruota a cerchio una spada per allontanare tutti dal proprio bene, e per rapire l'altrui. Lorenzo; comincio a vacillar nuovamente. Ma conviene disporsi e lasciarli in pace.

P.S. Torno da quella donna decrepita di cui parmi d'averti narrato una volta. La sconsolata vive ancora! Sola, abbandonata spesso gl'interi giorni da tutti che si stancano di ajutarla, vive ancora; ma tutti i suoi sensi sono da più mesi nell'orrore e nella battaglia della morte.

119. Tutti i momenti, sempre.

Seguono due frammenti scritti forse in quella notte; e pajono gli ultimi.

Strappiamo la maschera a questa larva che vuole atterrirci. Ho veduto fanciulli raccapricciare e nascondersi all'aspetto travisato della loro nutrice. O Morte! Io ti guardo e t'interrogo – non le cose ma le loro apparenze ci turbano: infiniti uomini che non s'arrischiano di chiamarti, ti affrontano nondimeno intrepidamente! Tu pure sei necessario elemento della Natura – per me oggimai tutto l'orror tuo si dilegua, e mi rassembri simile al sonno della sera, quiete dell'opre.

Ecco le spalle di quella sterile rupe che frodano le sottoposte valli del raggio fecondatore dell'anno. A che mi sto? Se devo cooperare all'altrui felicità, io invece la turbo: s'io devo consumare la parte di calamità assegnata ad ogni uomo, io già in ventiquattro anni ho vuotato il calice che avria potuto bastarmi per una lunghissima vita. E la speranza? Che monta? conosco io forse l'avvenire per fidargli i miei giorni? Ahi che appunto questa fatale ignoranza accarezza le nostre passioni, ed alimenta l'umana infelicità.

Il tempo vola; e col tempo ho perduto nel dolore quella parte di vita che due mesi addietro lusingavasi di conforto. Questa piaga invecchiata è ormai divenuta natura: io la sento nel mio cuore, nel mio cervello, in tutto me stesso; gronda sangue, e sospira come se fosse aperta di fresco. Or basta, Teresa, basta: non ti par di vedere in me un infermo strascinato a lenti passi alla tomba fra la disperazione e i tormenti, e non sa prevenire con un sol colpo gli strazj del suo destino inevitabile?

Tento la punta di questo pugnale: io lo stringo, e sorrido: qui; in mezzo a questo cuor palpitante – e sarà tutto compiuto. Ma questo ferro mi sta sempre davanti! Chi chi osa amarti, o Teresa? Chi osò rapirti? Fuggimi dunque; non mi ti accostare, Odoardo!

Oh! Mi vado strofinando le mani per lavare la macchia del tuo sangue – le fiuto come se fumassero di delitto. Frattanto eccole immacolate, e in tempo di togliermi in un tratto dal pericolo di vivere un giorno di più – un giorno solo; un momento – sciagurato! Sarei vissuto troppo.

20 marzo, a sera

Io era forte: ma questo fu l'ultimo colpo che ha quasi prostrata la mia fermezza! Nondimeno quello ch'è decretato è decretato. Ma tu, mio Dio, che miri nel profondo, tu vedi che questo è sacrificio più che di sangue.

Ella era, o Lorenzo, con la sua sorellina; e parea che volesse scansarmi; ma poi s'assise, e l'Isabellina tutta compunta se le posò su le ginocchia. «Teresa», le dissi accostandomi e prendendole la mano: mi riguardò: e quella bambina gettando il suo braccio sul collo di Teresa, e alzando il viso le parlava sottovoce: «Jacopo non mi ama più». E la intesi. «S'io t'amo?» e abbassandomi e abbracciandola: «T'amo», io le diceva, «t'amo teneramente; ma tu non mi vedrai più». «O mio fratello!» Teresa mi contemplava atterrita, e stringeva l'Isabellina, e teneva pur gli occhi verso di me: «Tu ci lascierai», mi disse, «e questa fanciulletta sarà compagna de' miei giorni, e sollievo de' miei dolori: le parlerò sempre dell'amico suo – dell'amico mio; e le insegnerò a piangere e a benedirti», e a queste ultime parole, l'anima sua parevami ristorata di qualche speranza; e le lagrime le pioveano dagli occhi; ed io ti scrivo con le mani calde ancor del suo pianto.

«Addio», soggiunse, «addio, ma non eternamente; di'? Non eternamente, eccoti adempiuta la mia promessa», e si trasse dal seno il suo ritratto, «eccoti adempiuta la mia promessa; addio, va, fuggi, e porta con te la memoria di questa sfortunata – è bagnato delle mie lagrime e delle lagrime di mia madre». E con le sue mani lo appendeva al mio collo, e lo nascondeva dentro al mio petto. Io stesi le braccia, e me la strinsi sul cuore, e i suoi sospiri confortavano le arse mie labbra, e già la mia bocca, ma un pallore di morte si sparse su la sua faccia; e, mentre mi respingeva, io toccandole la mano la sentii fredda, tremante, e con voce soffocata e languente mi disse: «Abbi pietà addio», e si abbandonò sul sofà, stringendosi presso quanto poteva la Isabellina, che piangeva con noi. Entrava suo padre, e il nostro misero stato avvelenò forse i suoi rimorsi.

Ritornò quella sera tanto costernato che Michele sospettò di qualche fiero accidente. Ripigliò l'esame delle sue carte; e molte ne faceva ardere senza leggerle. Innanzi alla Rivoluzione avea scritto un commentario intorno al governo Veneto in uno stile antiquato, assoluto, con quel motto di Lucano per epigrafe; Jusque datum sceleri[120]. *Una sera dell'anno addietro aveva letto a Teresa la Storia di Lauretta; e Teresa mi disse poi, che quei pensieri scuciti, ch'ei m'inviò con la lettera de' 29 Aprile, non n'erano il cominciamento, ma bensì sparsi dentro quell'operetta ch'esso aveva finita, narrando per filo i casi di Lauretta e gli aveva scritti con istile men passionato. Non perdonò né a questi né a verun altro scritto. Leggeva pochissimi libri, pensava molto, dal bollente tumulto del mondo fuggiva a un tratto nella solitudine, e quindi scriveva per necessità di sfogarsi. Ma a me non resta se non un suo* Plutarco *zeppo di postille con varj quinterni frammessi ove sono alcuni discorsi, ed uno assai lungo su la morte di Nicia; ed un* Tacito *Bodoniano, con molti squarci, fra gli altri l'intero libro secondo degli annali e gran parte del secondo delle storie, da lui con sommo studio tradotti, e con carattere minutissimo pazientemente ricopiati ne' margini. I frammenti sovra scritti gli ho trascelti da' fogli stracciati ch'esso aveva, come di nessun conto, gittati sotto al suo tavolino; e a' quali ho probabilmente assegnato le date. Ma il passo seguente, non so se suo o d'altri quanto alle idee, bensì di stile tutto suo, era stato da lui scritto in calce al libro delle* Mas-

120. Lucano, *Pharsalia.* «Il delitto s'è fatto diritto».

sime di Marco Aurelio, *sotto la data 3 Marzo 1794 – e poi lo trovai ricopiato in calce all'esemplare del* Tacito *Bodoniano sotto la data 1 Gennaro 1797 – e presso a questa, la data 20 Marzo 1799, cinque dì innanzi ch'egli morisse – eccolo:*

Io non so né perché venni al mondo; né come; né cosa sia il mondo; né cosa io stesso mi sia. E s'io corro ad investigarlo, mi ritorno confuso d'una ignoranza sempre più spaventosa. Non so cosa sia il mio corpo, i miei sensi, l'anima mia; e questa stessa parte di me che pensa ciò ch'io scrivo, e che medita sopra di tutto e sopra se stessa, non può conoscersi mai. Invano io tento di misurare con la mente questi immensi spazj dell'universo che mi circondano. Mi trovo come attaccato a un piccolo angolo di uno spazio incomprensibile, senza sapere perché sono collocato piuttosto qui che altrove; o perché questo breve tempo della mia esistenza sia assegnato piuttosto a questo momento dell'eternità che a tutti quelli che precedevano, e che seguiranno. Io non vedo da tutte le parti altro che infinità le quali mi assorbono come un atomo.

Poiché in quella notte de' 20 Marzo ebbe ripassato al tutto i suoi fogli, chiamò l'ortolano e Michele perché glieli sgombrassero da' piedi. Poi li mandò a dormire. Pare ch'esso abbia vegliato l'intera notte; perché allora scrisse la lettera precedente, e sul far del giorno andò a destare il ragazzo commettendogli che procacciasse un messo per Venezia. Poi si sdrajò tutto vestito sul letto; ma per poca ora; da che un villano mi disse d'averlo alle 8 di quella mattina incontrato su la strada d'Arquà. Prima di mezzodì era tornato nelle sue stanze. V'entrò Michele a dire che il messo era lì pronto: e lo trovò seduto immobilmente, e come sepolto in tristissime cure: s'alzò; si fe' presso alla soglia di una finestra; e standosi ritto scrisse sotto la stessa lettera, a caratteri quasi illeggibili.

Verrò ad ogni modo – se potessi scriverle – e voleva scrivere: pur se le scrivessi non avrei più cuore di venire: tu le dirai che verrò, che essa vedrà il suo figliuolo; non altro, non altro: non le straziare di più le viscere; avrei molto da raccomandarti intorno al modo di contenerti per l'avvenire con essa e di consolarla. Ma le mie labbra sono arse; il petto soffocato; un'amarezza, uno stringimento – potessi almen sospirare! Davvero; un gruppo dentro le fauci, e una mano che mi preme e mi affanna il cuore. Lorenzo, ma che posso più dirti? Sono uomo – Dio mio, Dio mio, concedimi anche per oggi il refrigerio del pianto.

Sigillò il foglio e lo consegnò senza verun soprascritto. Guardò il cielo per gran pezzo; poi s'assise, e incrociate le braccia su lo scrittojo, vi posò la fronte: più volte il servo gli chiese se voleva altro; ei senza rivoltarsi, gli fe' cenno con la testa, che no. Quel giorno incominciò la seguente lettera per Teresa.

Mercoledì, ore 5

Rassègnati a' decreti del Cielo e troverai qualche felicità nella pace domestica, e nella concordia con quello sposo che la sorte ti ha destinato. Tu hai un padre generoso e infelice: tu devi riunirlo a tua madre la quale solitaria e piangente forse chiama te sola: tu devi la tua vita alla tua fama. Io solo – io solo morendo troverò pace, e la lascierò alla tua casa: ma tu povera sfortunata!

Sono pur assai giorni ch'io prendo a scriverti e non posso continuare! O sommo Iddio, vedo che tu non mi abbandoni nella ora suprema; e questa costanza è maggiore de' tuoi beneficj. Morirò quando avrò ricevuto la benedizione da mia madre, e gli ultimi abbracciamenti dall'amico mio. Da lui tuo padre avrà le tue lettere, e tu pure gli darai le mie: saranno testimonio della santità del nostro amore. No, cara giovine; non sei tu cagione della mia morte. Tutte le mie passioni disperate; le disavventure delle persone più necessarie alla vita mia; gli umani delitti; la sicurezza della mia perpetua schiavitù e dell'obbrobrio perpetuo della mia patria venduta – tutto insomma da più tempo era scritto; e tu, donna angelica, potevi soltanto disacerbare il mio destino; ma non placarlo, oh! Non mai. Ho veduto in te sola il ristoro di tutti i miei mali; ed osai lusingarmi: e poiché per una irresistibile forza tu mi hai amato, il mio cuore ti ha creduta tutta sua; tu mi hai amato, e tu m'ami – ed ora che ti perdo, ora chiamo in ajuto la morte. Prega tuo padre di non dimenticarsi di me; non per affliggersi, bensì per mitigare con la sua compassione il tuo dolore, e per ricordarsi sempre che ha un'altra figlia.

Ma tu no, vera amica di questo sfortunato, tu non avrai cuore mai di obbliarmi. Rileggi sempre queste mie ultime parole ch'io posso dire di scriverti col sangue del mio cuore. La mia memoria ti preserverà forse dalle sciagure del vizio. La tua bellezza, la tua gioventù, lo splendore della tua fortuna saranno sprone per gli altri, per te, a contaminare quella innocenza alla quale hai sacrificato la tua prima e cara passione; e che pure ne' tuoi martirj ti fu sempre solo conforto. Quanto mai v'è di lusinghiero nel mondo congiurerà alla tua rovina; a rapirti la stima di te; ed a confonderti fra la schiera di tante altre donne le quali dopo d'avere rinnegato il pudore, fanno traffico dell'amore e dell'amicizia, ed ostentano come trionfi le vittime della loro perfidia. Tu no, mia Teresa; la tua virtù risplende nel tuo viso celeste, ed io la ho rispettata; e tu sai ch'io t'ho amato adorandoti come cosa sacra. O divina immagine dell'amica mia! O ultimo dono prezioso ch'io contemplo, e che m'infonde più vigore, e mi narra tutta la storia de' nostri amori! Tu stavi facendo questo ritratto il primo dì ch'io ti vidi: ripassano ad uno ad uno dinanzi a me tutti que' giorni che furono i più affannosi e i più cari della mia vita. E tu l'hai consecrato questo ritratto attaccandolo bagnato del tuo pianto al mio petto – e così attaccato al mio petto verrà con me nel sepolcro. Ti ricordi, o Teresa, le lagrime con cui lo accolsi? Oh! Io torno a versarle, e sollevano la trista anima mia. Che se alcuna vita resta dopo l'ultimo sospiro, io la serberò sempre a te sola, e l'amor mio vivrà immortale con me. Ascolta intanto una estrema, unica, sacrosanta raccomandazione; e te ne scongiuro per l'amor nostro infelice, per le lagrime che abbiamo sparse, per la religione che tu senti verso i tuoi genitori, a' quali ti sei pur immolata vittima volontaria – non lasciare senza consolazione la povera madre mia, che forse verrà a piangermi teco in questa solitudine dove cercherà riparo dalle tempeste della vita. Tu sola sei degna di compiangerla e di consolarla. Chi le resta più se tu l'abbandoni? Nel suo dolore, in tutte le sue sventure, nelle infermità della sua vecchiaja ricordati sempre ch'essa è mia madre.

A mezzanotte suonata si partì per le poste da' colli Euganei: e arrivato su la marina alle 8 del giorno, si fe' traghettare da una gondola a Venezia sino alla sua casa. Quand'io vi giunsi lo trovai addormentato sopra un sofà e di un sonno tranquillo. Come fu desto, mi pregò perché io spicciassi alcune sue faccende, e saldassi un suo debito a certo librajo. «Non posso», *mi diss'egli,* «trattenermi qui che tutt'oggi».

Benché fossero quasi due anni ch'io nol vedeva, la sua fisionomia non mi parve tanto alterata quant'io m'aspettava; ma poi m'accorsi che andava lento e come strascinandosi; la sua voce, un tempo pronta e maschia, usciva a fatica e dal petto profondo. Sforzavasi nondimeno di discorrere; e rispondendo a sua madre intorno al suo viaggio, sorridea spesso di un mesto sorriso tutto suo: ma avea un'aria circospetta, insolita in lui. Avendogli io detto che certi suoi amici sarebbero venuti quel dì a salutarlo, rispose, che non vorrebbe rivedere anima nata; anzi scese egli stesso ad avvertire alla porta perché si dicesse ch'ei non accoglierebbe visite. E risalendo mi disse; «Spesso ho pensato di non dare né a te né a mia madre tanto dolore; ma io avevo pur obbligo e anche bisogno di rivedervi e questo, credimi, è l'esperimento più forte del mio coraggio».

Poche ore prima di sera, si alzò, come per partire; ma non gli sofferiva il cuore di dirlo. Sua madre gli si approssimò, e mentr'ei rizzandosi dalla seggiola andavale incontro con le braccia aperte, essa con volto rassegnato gli disse: «Hai dunque risoluto, mio caro figliuolo?»

«Sì, sì»; *le rispose abbracciandola e frenando a stento le lagrime.*

«Chi sa se potrò più rivederti? Io sono oramai vecchia e stanca».

«Ci rivedremo, forse – mia cara madre, consolatevi, ci rivedremo – per non lasciarci mai più; ma adesso: ne può far fede Lorenzo».

Ella si volse impaurita verso di me, ed io, «Pur troppo!» *le dissi. E le narrai come le persecuzioni tornavano a incrudelire per la guerra imminente; e che il pericolo sovrastava a me pure, massime dopo quelle lettere che ci furono intercette: (e non erano falsi sospetti; perché dopo pochi mesi fui costretto ad abbandonare la patria mia). Ed essa allora esclamò:* «Vivi mio figliuolo, benché lontano da me. Dopo la morte di tuo padre non ho più avuto un'ora di bene; sperava di consolare teco la mia vecchiezza! Ma sia fatta la volontà del Signore. Vivi! Io scelgo di piangere senza di te, piuttosto che vederti – imprigionato – morto». *I singhiozzi le soffocavano la parola.*

Jacopo strinse la mano e la guardava come se volesse affidarle un secreto; ma ben tosto[121] *si ricompose, e le chiese la sua benedizione.*

Ed ella alzando le palme: «Ti benedico. Ti benedico; e piaccia anche a Dio Onnipotente di benedirti».

Avvicinatisi alla scala s'abbracciarono. Quella donna sconsolata appoggiò la testa sul petto del suo figliuolo. Scesero, ed io con loro; la madre come giunsero all'uscio di casa, e vide l'aria aperta, sollevò gli occhi, e li tenne fissi al cielo per due o tre mi-

121. Ma ben presto…

nuti, e parea che pregasse mentalmente con tutto il fervore dell'anima sua; e che quell'atto le avesse ridato la prima rassegnazione. E senza versare più lagrima, benedisse di nuovo con voce sicura il figliuolo; ed ei le ribaciò la mano, e la baciò in volto.

Io stava piangente: dopo avermi abbracciato, mi promise di scrivermi, e mosse il passo, dicendomi: «Presso alla madre mia ti sovverrai santamente della nostra amicizia». *E rivoltosi alla madre, la guardò un pezzo senza far motto; e partì. Giunto in fondo alla strada, si rivolse, e ci salutò con la mano e ci mirò mestamente, come se volesse dirci che quello era l'ultimo sguardo.*

La povera madre ristette su la porta quasi sperando ch'ei tornasse a risalutarla. Ma togliendo gli occhi lagrimosi dal luogo dond'ei se l'era dileguato, s'appoggiò al mio braccio e risaliva dicendomi: «Caro Lorenzo, mi dice il cuore che non lo rivedremo mai più».

Un vecchio sacerdote di assidua famigliarità nella casa dell'Ortis, e che gli era stato maestro di greco, venne quella sera e ci narrò, come Jacopo era andato alla chiesa dove Lauretta fu sotterrata. Trovatola chiusa, voleva farsi aprire a ogni patto dal campanaro; e regalò un fanciullo del vicinato perché andasse a cercare del sagrestano che aveva le chiavi. S'assise, aspettando, sopra un sasso nel cortile. Poi si levò e s'appoggiò con la testa su la porta della chiesa. Era quasi sera; quando accorgendosi di gente nel cortile, senza più aspettare, si dileguò. Il vecchio sacerdote aveva risaputo queste cose dal campanaro. Seppi alcuni giorni dopo, che Jacopo sul fare della notte era andato a visitare la madre di Lauretta. «Era», *mi diss'ella,* «assai tristo; non mi parlò mai della mia povera figliuola, né io l'ho nominata mai per non accorarlo di più: scendendo le scale, mi disse: Andate, quando potrete, a consolare mia madre».

*E intanto la madre di lui fu in quella sera atterrita di più fiero presentimento. Io nell'autunno scorso, trovandomi a' colli Euganei, aveva letto in casa del signore T*** parte d'una lettera nella quale Jacopo tornava con tutti i pensieri alla sua soli-*

tudine paterna. E allora Teresa rappresentò a chiaroscuro la prospettiva del laghetto de' cinque fonti, e accennò sul pendio d'un poggetto l'amico suo che sdrajato su l'erba contempla il tramontare del Sole. Richiese d'alcun verso per iscrizione il padre suo, e le fu da lui suggerito questo di Dante:

Libertà va cercando ch'è sì cara[122]

Mandò poscia[123] *in dono il quadretto alla madre di Jacopo, raccomandandosi che non gli dicesse mai donde veniva; infatti egli non l'avea mai risaputo: ma quel giorno ch'ei fu in Venezia s'accorse del quadretto appeso, e di chi lo aveva fatto; non ne fe' motto: bensì rimastosi nella camera tutto solo, smosse il cristallo, e sotto al verso:*

Libertà va cercando ch'è sì cara
scrisse l'altro che gli vien dietro:
Come sa chi per lei vita rifiuta.[124]

E fra il cristallo e la scannellatura di dentro della cornice trovò una lunga treccia di capelli che Teresa, alcuni giorni prima delle sue nozze, s'era tagliati senza che veruno il sapesse, e ripostili nella cornice in guisa che non trasparissero ad occhio vivente. L'Ortis a que' capelli congiunse, quando li vide, una ciocca de' suoi e gli annodò insieme col nastro nero che portava attaccato all'oriuolo; e rimise il quadretto a suo posto. Poche ore dopo, la madre sua vide il verso aggiunto, s'avvide anche della treccia, e della ciocca e del nodo nero ch'ei forse disavvedutamente o per fretta non aveva potuto rimpiattare che non paresse. Il dì seguente me ne parlò; ed io vidi come questo accidente le aveva prostrato il coraggio con che dianzi essa

122. Dante Alighieri, *Divina Commedia, Purgatorio*, canto I v. 71.
123. Poi.
124. Dante Alighieri, *Divina Commedia, Purgatorio*, canto I v. 72.

avea sostenuta la partenza del suo figliuolo.

*Onde per acquetarla mi deliberai di accompagnarlo sino ad Ancona; e promisi che le scriverei giornalmente. Esso frattanto tornavasi a Padova, e smontò in casa del professore C***, dove riposò il resto della notte. La mattina accomiatandosi, gli furono dal professore esibite lettere per alcuni gentiluomini delle isole già Venete i quali nel tempo addietro gli erano stati discepoli. Jacopo né le accettò, né le rifiutò. Tornò a piedi a' colli Euganei, e ricominciò a scrivere.*

Venerdì, ore 1

E tu, Lorenzo mio – leale e unico amico – perdona. Non ti raccomando mia madre; ben so che avrà in te un altro figliuolo. O madre mia! Ma tu non avrai più il figlio sul petto del quale speravi di riposare il tuo capo canuto – né potrai riscaldare queste labbra morenti co' tuoi baci? E forse tu mi seguirai! Io vacillava o Lorenzo. Or è questa la ricompensa dopo ventiquattro anni di speranze e di cure? Ma sia così! Iddio che ha tutto destinato non l'abbandonerà, né tu! Ah finché io non bramava che un amico fedele, io vissi felice. Il cielo te ne rimeriti! Ma e tu pure non ti aspettavi ch'io ti pagassi di lagrime. Pur troppo ti pagherei a ogni modo di lagrime! Or tu non proferire sulle mie ceneri la crudele bestemmia: *Chi vuol morire non ama nessuno*. Che non tentai sopra di me? Che non feci? Che non dissi a Dio? Ah la mia vita pur troppo sta tutta nelle mie passioni; e se non potessi distruggerle meco – oh a che angosce, a che spasimi, a quanti pericoli, a quali furori, a che deplorabile cecità – a che delitti non mi strascinerebbero a forza! Un giorno, o Lorenzo, prima ch'io decretassi la morte mia, io stava genuflesso implorando dal Cielo pietà, e le mie lagrime pioveano abbondanti e in quel punto mi si sono improvvisamente inaridite le lagrime, e il cuore mi s'è inferocito, e avresti detto che mi venisse mandato appunto dal Cielo un delirio ad assalirmi; e mi rizzai; e scrissi alla giovine misera che io me ne andava ad aspettarla in un altro mondo, e che non tardasse a raggiungermi, e l'ammaestrava del come e del quando e dell'ora. Ma poi non forse la compassione, non la vergogna, né il rimorso, né Iddio, bensì l'idea che non è più la vergine di due mesi fa, e che è donna contaminata dalle braccia d'un altro, ha incominciato a farmi pentire di sì atroce disegno. Vedi come la vita mia, sarebbe a voi tutti più dolorosa che la mia morte; e infame forse a voi tutti. Invece se mi divido per sempre da Teresa degno di lei, la memoria mia serberà certamente il suo cuore degno di me, e benché serva di un altro potrà almeno sperare – speranza forse vanissima – che un dì l'anima sua verrà libera a unirsi per sempre alla mia. Ma addio. Queste carte le darai tutte al suo padre. Raduna i miei libri e serbali a memoria del tuo Jacopo. Raccogli Michele a cui lascio il mio oriuolo, questi miei pochi arredi e i danari che tu troverai nel cassettino del mio scrittojo. Vieni ad aprirlo tu solo: c'è una lettera per Teresa; e ti prego di riporla fra le sue mani tu stesso. Addio, addio.

Continuò la lettera per Teresa.

Torno a te mia Teresa. Se mentre io viveva era colpa per te l'ascoltarmi; ascoltami almeno in queste poche ore che mi disgiungono dalla morte; e le ho riserbate tutte a te sola. Avrai questa lettera quando io sarò sotterrato; e da quella ora tutti forse incominceranno ad obbliarmi, finché niuno più si ricorderà del mio nome – ascoltami come una voce che vien dal sepolcro. Tu piangerai i miei giorni svaniti al pari di una visione notturna; piangerai il nostro amore che fu inutile e mesto come le lampade che rischiarano le bare de' morti. Oh sì, mia Teresa; dovevano pure una volta finir le mie pene; e la mia mano non trema nell'armarsi del ferro liberatore, poiché abbandono la vita mentre tu m'ami, mentre sono ancora degno di te, e degno del tuo pianto, ed io posso sacrificarmi a me solo, ed alla tua virtù. No; allora non ti sarà colpa l'amarmi; e lo pretendo il tuo amore; lo chiedo in vigore delle mie sventure, dell'amor mio, e del tremendo mio sacrificio. Ah se tu un giorno passassi senza gettare un'occhiata su la terra che coprirà questo giovine sconsolato – me misero! Io avrei lasciata dietro di me l'eterna dimenticanza anche nel tuo cuore!

Tu credi ch'io parta. Io? Ti lascierò in nuovi contrasti con te medesima, e in continua disperazione? E mentre tu m'ami, ed io t'amo, e sento che t'amerò eternamente, ti lascierò per la speranza che la nostra passione s'estingua prima de' nostri giorni? No; la morte sola, la morte. Io mi scavo da gran tempo la fossa, e mi sono assuefatto a guardarla giorno e notte, e a misurarla freddamente – e appena in questi estremi la Natura rifugge e grida – ma io ti perdo, ed io morrò. Tu stessa, tu mi fuggivi; ci si contendeano le lagrime. E non t'avvedevi tu nella mia tremenda tranquillità ch'io voleva prendere da te gli ultimi congedi, e ch'io ti domandava l'eterno addio?

Che se il Padre degli uomini mi chiamasse a rendimento di conti, io gli mostrerò le mie mani pure di sangue, e puro di delitti il mio cuore. Io dirò: Non ho rapito il pane agli orfani ed alle vedove; non ho perseguitato l'infelice; non ho tradito; non ho abbandonato l'amico; non ho turbata la felicità degli amanti, né contaminata l'innocenza, né inimicati i fratelli, né prostrata la mia anima alle ricchezze. Ho spartito il mio pane con l'indigente; ho confuse le mie lagrime alle lagrime dell'afflitto; ho pianto sempre su le miserie dell'umanità. Se tu mi concedevi una patria, io avrei speso il mio ingegno e il mio sangue tutto per lei; e nondimeno la mia debole voce ha gridato coraggiosamente la verità. Corrotto quasi dal mondo, dopo avere sperimentati tutti i suoi vizj – ma no! I suoi vizj mi hanno per brevi istanti forse contaminato, ma non mi hanno mai vinto – ho cercato virtù nella solitudine. Ho amato! Tu stessa, tu mi hai presentata la felicità; tu l'hai abbellita de' raggi della infinita tua luce; tu mi hai creato un cuore capace di sentirla e di amarla; ma dopo mille speranze ho perduto tutto ed inutile agli altri, e dannoso a me, mi sono liberato dalla certezza di una perpetua miseria. Godi tu, Padre, de' gemiti della umanità? Pretendi tu che sopporti miserie più potenti delle sue forze? O forse hai conceduto al mortale il potere di troncare i suoi mali perché poi trascurasse il tuo dono strascinandosi scioperato tra il pianto e le colpe? Ed io sento in me stesso che agli estremi mali non resta che la colpa o la morte. Consolati, Teresa; quel Dio a cui tu ricorri con tanta pietà, se degna d'alcuna cura la vita e la morte di una umile creatura, non ritirerà il suo sguardo neppure da me. Sa ch'io non posso resistere più; e ha veduto i combattimenti che ho sostenuto prima di giungere alla risoluzione fatale; ed ha udito con quante preghiere l'ho supplicato perché mi allontanasse questo calice amaro. Addio dunque – addio all'universo! O amica mia! La sorgente delle lagrime è in me dunque inesausta? Io torno a piangere e a tremare ma per poco; tutto in breve sarà annichilito. Ahi! Le mie passioni vivono, ed ardono, e mi possedono ancora: e quando la notte eterna rapirà il mondo a questi occhi, allora solo seppellirò meco i miei desiderj e il mio pianto. Ma gli occhi miei lagrimosi ti cercano ancora prima di chiudersi per sempre. Ti vedrò, ti vedrò per l'ultima volta, ti lascierò gli ultimi addio, e prenderò da te le tue lagrime, unico frutto di tanto amore!

*Io giungeva alle ore 5 da Venezia, e lo incontrai pochi passi fuori della sua porta, mentr'ei s'avviava appunto per dire addio a Teresa. La mia venuta improvvisa lo costernò; e molto più il mio divisamento di accompagnarlo sino ad Ancona. Me ne ringraziava affettuosamente e tentò ogni via di distormene; ma veggendo ch'io persisteva si tacque; e mi chiese di andare seco lui fino a casa T***. Lungo il cammino non parlò; andava lento, ed aveva in volto una mestissima sicurezza: ah doveva io pure avvedermi che in quel momento egli rivolgeva nell'animo i supremi pensieri! Entrammo pel rastrello del giardino; ed ei soffermandosi, alzò gli occhi al cielo, e dopo alcun tempo proruppe guardandomi:* «Pare anche a te che oggi la luce sia più bella che mai?»

Avvicinandosi alle stanze di Teresa, io intesi la voce di lei: «Ma il suo cuore non si può cangiare», *né so se Jacopo che m'era dietro uno o due passi, abbia udito queste parole; non ne riparlò. Noi vi trovammo il marito che passeggiava, e il padre di Teresa seduto nel fondo della stanza presso ad un tavolino con la fronte su la palma della mano. Restammo assai tempo tutti muti. Jacopo finalmente.* «Domattina», *disse,* «non sarò più qui», *e rizzandosi, si accostò a Teresa e le baciò la mano, ed io vidi le lagrime su gli occhi di lei; e Jacopo tenendola ancora per mano la pregava perché facesse chiamare la Isabellina. Le strida e il pianto di questa fanciulla furono così improvvise ed inconsolabili che niuno di noi poté frenare le lagrime. Appena ella udì ch'ei partiva, gli si attaccò al collo e singhiozzando gli ripeteva:* «O mio Jacopo perché mi lasci? O mio Jacopo torna presto», *né potendo egli resistere a tanta pietà, posò l'Isabellina fra le braccia di Teresa che non proferì mai parola*: «Addio», *egli dissele*, «addio», *e uscì. Il signore di T** lo accompagnò sino al limitare della casa e lo abbracciò più volte e lo baciò gemendo. Odoardo che gli era a lato ne strinse la mano, augurandoci il buon viaggio.*

*Era già notte; e non sì tosto fummo a casa egli comandò a Michele di allestire il forziere, e mi pregò istantemente perché tornassi a Padova a pigliare le lettere esibitegli dal professore C***. E partii sul fatto.*

Allora sotto la lettera che la mattina avea apparecchiata per me, aggiunse questo proscritto:[125]

Poiché non ho potuto risparmiarti il cordoglio di prestarmi gli ufficj supremi – e già m'era, prima che tu venissi, risolto di scriverne al parroco – aggiungi anche questa ultima pietà ai tanti tuoi beneficj. Fa ch'io sia sepolto, così come sarò trovato, in

125. Post scriptum.

un sito abbandonato, di notte senza esequie, senza lapide, sotto i pini del colle che guarda la chiesa. Il ritratto di Teresa sia sotterrato col mio cadavere.

25 Marzo, 1799
L'amico tuo
Jacopo Ortis

Uscì nuovamente: e trovandosi alle ore 11 appiè di un monte due miglia discosto dalla sua casa, bussò alla porta di un contadino, e lo destò domandandogli dell'acqua, e ne bevve molta.

Ritornato a casa dopo la mezzanotte, uscì tosto di stanza, e porse al ragazzo una lettera sigillata per me, raccomandandogli di consegnarla a me solo. E stringendogli la mano: «Addio Michele! Amami»; *e lo mirava affettuosamente – poi lasciatolo a un tratto, rientrò, serrandosi dietro la porta. Continuò la lettera per Teresa.*

Ore 1

Ho visitato le mie montagne, ho visitato il lago de' cinque fonti, ho salutato per sempre le selve, i campi, il cielo. O mie solitudini! O rivo, che mi hai la prima volta insegnato la casa di quella fanciulla celeste! Quante volte ho sparpagliato i fiori su le tue acque che passavano sotto le sue finestre! Quante volte ho passeggiato con Teresa per le tue sponde, mentr'io inebbriandomi della voluttà di adorarla, vuotava a gran sorsi il calice della morte.

Sacro gelso! Ti ho pure adorato; ti ho pure lasciati gli ultimi gemiti, e gli ultimi ringraziamenti. Mi sono prostrato, o mia Teresa, presso a quel tronco; e quell'erba ha dianzi bevute le più dolci lagrime ch'io abbia versato mai; mi pareva ancora calda dell'orma del tuo corpo divino; mi pareva ancora odorosa. Beata sera! Come tu sei stampata nel mio petto! Io stava seduto al tuo fianco, o Teresa, e il raggio della luna penetrando fra i rami illuminava il tuo angelico viso! Io vidi scorrere su le tue guance una lagrima; e la ho succhiata, e le nostre labbra, e i nostri respiri, si sono confusi, e l'anima mia si trasfondea[126] nel tuo petto. Era la sera de' 13 maggio era giorno di giovedì. Da indi in qua non è passato momento ch'io non mi sia confortato con la ricordanza di quella sera: mi sono reputato persona sacra, e non ho degnata più alcuna donna di un guardo credendola immeritevole di me – di me che ho sentita tutta la beatitudine di un tuo bacio.

T'amai dunque t'amai, e t'amo ancor di un amore che non si può concepire che da me solo. È poco prezzo, o mio angelo, la morte per chi ha potuto udir che tu l'ami, e sentirsi scorrere in tutta l'anima la voluttà del tuo bacio, e piangere teco – io sto col piè nella fossa; eppure tu anche in questo frangente ritorni, come solevi, davanti a questi occhi che morendo si fissano in te, in te che sacra risplendi di tutta la tua bellezza. E fra poco! Tutto è apparecchiato; la notte è già troppo avanzata – addio – fra poco saremo disgiunti dal nulla, o dalla incomprensibile eternità. Nel nulla? Sì. Sì, sì; poiché sarò senza di te, io prego il sommo Iddio, se non ci riserba alcun luogo ov'io possa riunirmi teco per sempre, le prego dalle viscere dell'anima mia, e in questa tremenda ora della morte, perché egli m'abbandoni soltanto nel nulla. Ma io moro incontaminato, e padrone di me stesso, e pieno di te, e certo del tuo pianto! Perdonami, Teresa, se mai – ah consolati, e vivi per la felicità de' nostri miseri genitori; la tua morte farebbe maledire le mie ceneri.

Che se taluno ardisse incolparti del mio infelice destino, confondilo con questo mio giuramento solenne ch'io pronunzio gittandomi nella notte della morte: «Teresa è innocente. Ora tu accogli l'anima mia».

Il ragazzo, che dormiva nella camera contigua all'appartamento di Jacopo, fu scosso come da un lungo gemito: tese l'o-

126. *Scivolava* (detto di liquidi).

recchio per sincerarsi s'ei lo chiamava; aprì la finestra sospettando ch'io avessi gridato all'uscio, da che stava avvertito ch'io sarei tornato sul far del dì; ma chiaritosi che tutto era quiete e la notte ancor fitta, tornò a coricarsi e si addormentò. Mi disse poi che quel gemito gli aveva fatto paura: ma che non vi badò più che tanto perché il suo padrone soleva alle volte smaniare fra il sonno.

La mattina, Michele dopo aver bussato e chiamato un pezzo alla porta, sconficcò il chiavistello; e non udendosi rispondere nella prima camera, s'innoltrò[127] *perplesso; e al chiarore della lucerna che ardeva tuttavia, gli si affacciò Jacopo agonizzante nel proprio sangue. Spalancò le finestre chiamando gente, e perché nessuno accorreva, s'affrettò a casa del chirurgo, ma non lo trovò perché assisteva a un moribondo; corse al parroco, ed anch'esso era fuori per lo stesso motivo. Entrò ansante nel giardino di casa T*** mentre Teresa scendeva per uscire di casa con suo marito, il quale appunto dicevale come dianzi avea risaputo che in quella notte Jacopo non era altrimenti partito; ed ella sperò di potergli dire addio un'altra volta: e scorgendo il servo da lontano voltò il viso verso il cancello donde Jacopo soleva sempre venire, e con una mano si sgombrò il velo che cadevale sulla fronte, e rimirava intentamente, costretta da dolorosa impazienza di accertarsi s'ei pur veniva: e le si accostò a un tratto Michele domandando aiuto, perché il suo padrone s'era ferito, e che non gli parea ancora morto: ed essa ascoltavalo immobile con le pupille fitte sempre verso il cancello: poi senza mandare lagrima né parola, cascò tramortita fra le braccia di Odoardo.*

*Il signore T*** accorse sperando di salvare la vita del suo misero amico. Lo trovò steso sopra un sofà con tutta quasi la faccia nascosta fra' cuscini: immobile, se non che ad ora ad ora anelava. S'era piantato un pugnale sotto la mammella sinistra*

127. Forma desueta.

*ma se l'era cavato dalla ferita, e gli era caduto a terra. Il suo abito nero e il fazzoletto da collo stavano gittati sopra una sedia vicina. Era vestito del gilè, de' calzoni lunghi e degli stivali; e cinto d'una fascia larghissima di seta di cui un capo pendeva insanguinato, perché forse morendo tentò di svolgersela dal corpo. Il signore T*** gli sollevava lievemente dal petto la camicia, che tutta inzuppata di sangue gli si era rappressa su la ferita. Jacopo si risentì; e sollevò il viso verso di lui; e riguardandolo con gli occhi nuotanti nella morte, stese un braccio, come per impedirlo, e tentava con l'altro di stringergli la mano, ma ricascando con la testa su i guanciali, alzò gli occhi al cielo, e spirò.*

La ferita era assai larga, e profonda; e sebbene non avesse colpito il cuore, egli si affrettò la morte lasciando perdere il sangue che andava a rivi per la stanza. Gli pendeva dal collo il ritratto di Teresa tutto nero di sangue, se non che era alquanto polito nel mezzo; e le labbra insanguinate di Jacopo fanno congetturare ch'ei nell'agonia baciasse la immagine della sua amica. Stava su lo scrittojo la Bibbia chiusa, e sovr'essa l'oriuolo; e presso, varj fogli bianchi; in uno de' quali era scritto: «Mia cara madre…»: *e da poche linee cassate, appena si potea rilevare,* «espiazione»; *e più sotto;* «di pianto eterno». *In un altro foglio si leggeva soltanto l'indirizzo a sua madre, come se pentitosi della prima lettera ne avesse incominciata un'altra che non gli bastò il cuore di continuare.*

Appena io giunsi da Padova ove m'era convenuto indugiare più ch'io non voleva, fui sopraffatto dalla calca de' contadini che s'affollavano muti sotto i portici del cortile; ed altri mi guardavano attoniti, e taluno mi pregava che non salissi. Balzai tremando nella stanza, e mi s'appresentò il padre di Teresa gettato disperatamente sopra il cadavere; e Michele ginocchione con la faccia per terra. Non so come ebbi tanta forza d'avvicinarmi e di porgli una mano sul cuore presso la ferita; era morto, freddo. Mi mancava il pianto e la voce; ed io stava guardando stupidamente quel sangue: finché venne il parroco e su-

bito dopo il chirurgo, i quali con alcuni famigliari ci strapparono a forza dal fiero spettacolo. Teresa visse in tutti que' giorni fra il lutto de' suoi in un mortale silenzio. La notte mi strascinai dietro al cadavere che da tre lavoratori fu sotterrato sul monte de' pini.

In collana

La coscienza di Zeno
Madame Bovary
Uno, nessuno e centomila
Il ritratto di Dorian Gray
Il fu Mattia Pascal
Orgoglio e pregiudizio
I Promessi Sposi
I Malavoglia
I Viceré
Il Conte di Montecristo
Anna Karenina
Delitto e castigo
Gente di Dublino
Cime tempestose
I fioretti di San Francesco
Le confessioni di Sant'Agostino
I racconti del mistero
Jane Eyre
Il Principe
L'abbazia di Northanger
Decameron
La Certosa di Parma
Romeo e Giulietta
Moby Dick
Ragione e sentimento
I fiori del male
Il piacere
Il Corano
La Divina Commedia
Piccolo mondo antico
Guerra e pace
Emma
Nostromo
Sei personaggi in cerca d'autore
Un Canto di Natale
Cuore di tenebra
La lettera scarlatta
Le affinità elettive
La figlia del capitano
I miserabili
Dracula
Il rosso e il nero
La Sacra Bibbia
Aforismi
Elogio della follia
Il profeta
La metamorfosi
Racconti e novelle Maupassant
Al di là del bene e del male
Il processo
Storia di una capinera
L'idiota
L'amante di Lady Chatterley
Mastro Don Gesualdo
L'educazione sentimentale
Persuasione
Frankenstein
Lo strano caso del dr. Jekyll e del sig. Hyde
Così parlò Zarathustra
Senilità
L'arte della guerra
I dolori del giovane Werther
Padri e figli
Il Maestro e Margherita
Bel Ami
L'interpretazione dei sogni
Romanzi e racconti Lovecraft
Mansfield Park
Ritratto di signora
Il tulipano nero
Sherlock Holmes
Le avventure di Sherlock Holmes
Cuore di cane
Il vaso d'oro e altri racconti
Don Chisciotte della Mancia
Malombra
La guerra dei mondi
Canne al vento
La saga dei Forsyte
Diario Anne Frank
Il Teatro - Molière
Ultime lettere di Jacopo Ortis
Dell'arte della guerra
Il grande Gatsby
I fratelli Karamazov
La macchina del tempo
L'isola del dottor Moreau
Le mie prigioni
Le memorie di Sherlock Holmes
Gita al faro
Il Teatro - Goldoni
La fattoria degli animali
Come preparare i drink o il breviario del buongustaio
Antologia di Spoon River
1984
La Luna e i falò
La casa in collina
La bella estate
Le notti bianche+Memorie dal sottosuolo
Flatlandia
Bushidō
Walden
La Nave dei Folli
Il mastino dei Baskerville

Finito di stampare nel mese di agosto 2022
da Grafica Veneta s.p.a., Trebaseleghe (PD)